Zur Verbesserung des Verständnisses

Benedictus de Spinoza

Writat

Diese Ausgabe erschien im Jahr 2023

ISBN: 9789359256641

Herausgegeben von
Writat
E-Mail: info@writat.com

Zur Verbesserung des Verständnisses

(Abhandlung über die Verbesserung des Intellekts)

[Hinweis für den Leser.]

(Diese Mitteilung an den Leser wurde von den Herausgebern der Opera Postuma im Jahr 1677 verfasst. Entnommen aus Curley, Anmerkung 3, am Ende)

Diese Abhandlung über die Verbesserung des Intellekts usw., die wir Ihnen, lieber Leser, hier in ihrem unvollendeten (d. h. fehlerhaften) Zustand übermitteln, wurde vom Autor bereits vor vielen Jahren geschrieben. Er hatte immer vor, es zu Ende zu bringen. Aber behindert durch andere Beschäftigungen und schließlich vom Tod entführt, gelang es ihm nicht, die Sache zum gewünschten Abschluss zu bringen. Aber da es viele ausgezeichnete und nützliche Dinge enthält, die – daran haben wir keinen Zweifel – für jeden, der aufrichtig nach der Wahrheit sucht, von großem Nutzen sein werden, wollten wir sie Ihnen nicht vorenthalten. Und damit Sie sich der vielen Dinge, die immer noch dunkel, rau und unpoliert sind, bewusst werden und es Ihnen leichter fällt, sie zu entschuldigen, wollten wir Sie davor warnen. Lebewohl.

[1] (1) Nachdem mich die Erfahrung gelehrt hatte, dass alle üblichen Umgebungen des gesellschaftlichen Lebens eitel und nutzlos sind; Als ich sah, dass keines der Objekte meiner Ängste in sich etwas Gutes oder Schlechtes enthielt, außer insoweit, als der Geist davon betroffen war, entschloss ich mich schließlich zu fragen, ob es vielleicht etwas wirklich Gutes gäbe, das die Macht hätte, sich mitzuteilen, was dies tun würde Ich beeinflusse den Geist einzeln und unter Ausschluss von allem anderen: ob es tatsächlich irgendetwas gibt, dessen Entdeckung und Verwirklichung es mir ermöglichen würde, kontinuierliches, höchstes und endloses Glück zu genießen.

[2] (1) Ich sage: „Endlich habe ich mich entschieden", denn auf den ersten Blick schien es unklug, freiwillig die Kontrolle über das Sichere zugunsten von etwas zu verlieren, das damals ungewiss war. (2) Ich könnte die Vorteile erkennen, die Ruhm und Reichtum mit sich bringen, und dass ich gezwungen sein müsste, die Suche nach solchen Objekten aufzugeben, wenn ich mich ernsthaft der Suche nach etwas Anderem und Neuem widmen würde. (3) Ich erkannte, dass ich es zwangsläufig vermissen würde, wenn wahres Glück zufällig in ersterem platziert würde ; Wäre es hingegen nicht so platziert und

ich würde ihnen meine ganze Aufmerksamkeit schenken, würde ich ebenso scheitern.

[3] (1) Ich überlegte daher, ob es nicht möglich wäre, zu dem neuen Prinzip oder zumindest zu einer Gewissheit über seine Existenz zu gelangen, ohne mein Verhalten und meinen gewohnten Lebensplan zu ändern; Zu diesem Zweck unternahm ich viele vergebliche Anstrengungen. (2) Denn die gewöhnliche Umgebung des Lebens, die von den Menschen (wie ihre Taten bezeugen) als das höchste Gut angesehen wird, kann in die drei Kategorien Reichtümer, Ruhm und Sinnesfreuden eingeteilt werden. Zu diesen dreien gehört der Geist ist so versunken, dass es wenig Kraft hat, über irgendetwas anderes Gutes nachzudenken.

[4] (1) Durch sinnliches Vergnügen wird der Geist bis zur Ruhe gefesselt, als ob das höchste Gut tatsächlich erreicht wäre, so dass er völlig unfähig ist, an irgendein anderes Ziel zu denken; Wenn ein solches Vergnügen befriedigt wurde, folgt extreme Melancholie, wodurch der Geist, obwohl er nicht fasziniert ist, gestört und abgestumpft ist. (2) Das Streben nach Ehre und Reichtum ist ebenfalls sehr fesselnd, insbesondere wenn solche Objekte nur um ihrer selbst willen angestrebt werden, da sie dann das höchste Gut darstellen sollen.

[5] (1) Im Falle des Ruhmes ist der Geist noch stärker in Anspruch genommen, denn Ruhm wird als immer um seiner selbst willen gut und als das letzte Ziel, auf das alle Handlungen ausgerichtet sind, aufgefaßt. (2) Darüber hinaus folgt der Erlangung von Reichtum und Ruhm nicht wie im Fall sinnlicher Freuden Reue, sondern je mehr wir erwerben, desto größer ist unsere Freude und desto mehr werden wir folglich dazu angeregt, beides zu vermehren das eine und das andere; Wenn unsere Hoffnungen jedoch scheitern, stürzen wir uns in tiefste Traurigkeit. (3) Ruhm hat den weiteren Nachteil, dass er seine Anhänger dazu zwingt, ihr Leben nach der Meinung ihrer Mitmenschen zu ordnen, das zu meiden, was sie normalerweise meiden, und das zu suchen, was sie normalerweise suchen.

[6] (1) Als ich sah, dass all diese gewöhnlichen Objekte der Begierde Hindernisse auf dem Weg zur Suche nach etwas Anderem und Neuem sein würden – ja, dass sie so sehr dagegen waren, dass entweder sie oder es so sein müssten Im Stich gelassen, war ich gezwungen, nachzufragen, was sich für mich als nützlicher erweisen würde, denn ich schien, wie gesagt, bereitwillig die Kontrolle über ein sicheres Gut zugunsten von etwas Ungewissem aufzugeben. (6:2) Nachdem ich jedoch über die Angelegenheit nachgedacht hatte, kam ich zunächst zu dem Schluss, dass ich einen guten, unsicheren Ort verlassen würde, wenn ich die gewöhnlichen Ziele der Verfolgung aufgeben und mich auf eine neue Suche begeben würde Vernunft ihrer eigenen Natur, wie aus dem Gesagten hervorgeht, um eines Gutes

willen, das seiner Natur nach nicht unsicher ist (denn ich suchte nach einem festen Gut), sondern nur in der Möglichkeit seiner Verwirklichung.

bestimmte Übel zugunsten eines bestimmten Guten aufgeben sollte, wenn ich der Sache wirklich auf den Grund gehen könnte. (2) So erkannte ich, dass ich mich in großer Gefahr befand, und zwang mich, mit aller Kraft nach einem Heilmittel zu suchen, so unsicher es auch sein mochte; Als kranker Mann, der mit einer tödlichen Krankheit zu kämpfen hat, ist er gezwungen, mit aller Kraft nach einem Heilmittel zu suchen, wenn er erkennt, dass ihm der Tod gewiss bevorsteht, wenn kein Heilmittel gefunden wird, da darin seine ganze Hoffnung liegt. (7:3) Alle von der Menge verfolgten Ziele bringen nicht nur kein Heilmittel, das dazu dient, unser Sein zu bewahren, sondern wirken sogar als Hindernisse und verursachen nicht selten den Tod derjenigen, die sie besitzen, [b] und immer derjenigen, die sie besitzen von ihnen besessen.

[8] (1) Es gibt viele Beispiele von Männern, die um ihres Reichtums willen Verfolgung bis zum Tod erlitten haben, und von Männern, die sich im Streben nach Reichtum so vielen Gefahren ausgesetzt haben, dass sie ihr Leben dafür bezahlt haben eine Strafe für ihre Torheit. (2) Es gibt nicht weniger viele Beispiele von Männern, die das größte Elend ertragen mussten, um ihren Ruf zu erlangen oder zu bewahren. (3) Schließlich gibt es unzählige Fälle von Männern, die ihren Tod durch übermäßigen Genuss sinnlicher Freuden beschleunigt haben.

[9] (1) Alle diese Übel scheinen aus der Tatsache entstanden zu sein, dass Glück oder Unglück vollständig von der Qualität des Objekts abhängig gemacht wird, das wir lieben. (2) Wenn eine Sache nicht geliebt wird, entstehen keine Streitigkeiten über sie – keine Traurigkeit wird empfunden, wenn sie zugrunde geht – kein Neid, wenn sie von einem anderen besessen wird – keine Angst, kein Hass, kurz gesagt, keine Störungen der Sache Geist. (3) All dies entsteht aus der Liebe zum Vergänglichen, wie zum Beispiel den bereits erwähnten Gegenständen.

[10] (1) Aber die Liebe zu etwas Ewigem und Unendlichem nährt den Geist völlig mit Freude und ist selbst frei von jeglicher Traurigkeit, weshalb sie sehr erstrebenswert und mit aller Kraft zu suchen ist. (2) Dennoch war es kein Zufall, dass ich die Worte verwendete: „Wenn ich der Sache auf den Grund gehen könnte", denn obwohl mir vollkommen klar war, was ich drängte, konnte ich nicht sofort alle Liebe beiseite legen von Reichtum, sinnlichem Vergnügen und Ruhm.

[11] (1) Eines war offensichtlich, nämlich dass mein Geist, während er mit diesen Gedanken beschäftigt war, sich von seinen früheren Objekten der Begierde abwandte und ernsthaft über die Suche nach einem neuen Prinzip nachdachte; Dieser Zustand war für mich ein großer Trost, denn ich

erkannte, dass die Übel nicht derart waren, dass sie allen Heilmitteln widerstehen konnten. (11:2) Obwohl diese Intervalle zunächst selten und von sehr kurzer Dauer waren, wurden sie später, als mir das wahre Gute immer klarer wurde, häufiger und dauerhafter; besonders nachdem ich erkannt hatte, dass der Erwerb von Reichtum, sinnlichem Vergnügen oder Ruhm nur ein Hindernis darstellt, solange sie als Zweck und nicht als Mittel angestrebt werden; Wenn sie als Mittel angestrebt werden, werden sie eingeschränkt und, weit davon entfernt, Hindernisse zu sein, werden sie den Zweck, für den sie angestrebt werden, um ein Vielfaches fördern, wie ich zu gegebener Zeit zeigen werde.

[12] (1) Ich werde hier nur kurz darlegen, was ich unter wahrem Gut verstehe und was die Natur des höchsten Gutes ist. (2) Damit dies richtig verstanden werden kann, müssen wir bedenken, dass die Begriffe gut und böse nur relativ angewendet werden, sodass dasselbe sowohl gut als auch schlecht genannt werden kann, je nach den betrachteten Beziehungen in derselben So wie es auch als perfekt oder unvollkommen bezeichnet werden kann. (3) Nichts kann seiner Natur nach als vollkommen oder unvollkommen bezeichnet werden; vor allem, wenn wir uns bewusst sind, dass alles, was geschieht, gemäß der ewigen Ordnung und den festen Gesetzen der Natur geschieht.

[13] (1) Die menschliche Schwäche kann diese Ordnung jedoch nicht in ihren eigenen Gedanken erreichen, sondern inzwischen stellt sich der Mensch einen menschlichen Charakter vor, der viel stabiler ist als sein eigener, und sieht, dass es keinen Grund gibt, warum er sich nicht selbst einen solchen Charakter aneignen sollte . (2) So wird er dazu gebracht, nach Mitteln zu suchen, die ihn zu dieser Höhe der Vollkommenheit bringen, und nennt alles, was als solche Mittel dient, ein wahres Gut. (13:3) Das höchste Gut besteht darin, dass er, wenn möglich, zusammen mit anderen Personen in den Besitz des oben genannten Charakters gelangt. (4) Was dieser Charakter ist, werden wir zu gegebener Zeit zeigen, nämlich dass es sich um das Wissen um die bestehende Einheit des Geistes und der gesamten Natur handelt. [C]

[14] (1) Dies ist also das Ziel, das ich anstrebe, selbst einen solchen Charakter zu erreichen und mich dafür zu einsetzen, dass viele ihn mit mir erreichen. (2) Mit anderen Worten, es ist Teil meines Glücks, eine helfende Hand zu reichen, damit viele andere genauso verstehen wie ich, damit ihr Verständnis und ihr Wunsch völlig mit meinem eigenen übereinstimmen. (3) Um dies zu erreichen, ist es notwendig, so viel von der Natur zu verstehen, wie es uns ermöglicht, den oben genannten Charakter zu erreichen, und auch eine soziale Ordnung zu bilden, die der Erreichung dieses Charakters durch die Menschen am förderlichsten ist größte Zahl mit der geringsten Schwierigkeit und Gefahr.

[15] (1) Wir müssen die Hilfe der Moralphilosophie [d] und der Bildungstheorie in Anspruch nehmen; Darüber hinaus müssen wir, da die Gesundheit kein unbedeutendes Mittel zur Erreichung unseres Ziels ist, auch die gesamte Wissenschaft der Medizin einbeziehen, und da viele schwierige Dinge durch Erfindungen leicht gemacht werden, und wir auf diese Weise viel Zeit und Bequemlichkeit gewinnen können, die Wissenschaft der Medizin Die Mechanik ist keineswegs zu verachten.

[16] (1) Aber vor allen Dingen muss ein Mittel ersonnen werden, um das Verständnis zu verbessern und es so weit wie möglich von Anfang an zu reinigen, damit es die Dinge fehlerfrei und auf die bestmögliche Weise erfassen kann. (2) Somit ist es für jeden offensichtlich, dass ich die gesamte Wissenschaft auf ein Ziel und Ziel ausrichten möchte, damit wir die höchste menschliche Vollkommenheit erreichen können, die wir genannt haben; und deshalb muss alles, was in den Wissenschaften nicht zur Förderung unseres Ziels dient, als nutzlos zurückgewiesen werden. (3) Um die Sache in einem Wort zusammenzufassen: Alle unsere Handlungen und Gedanken müssen auf dieses eine Ziel ausgerichtet sein.

[17] (1) Da es jedoch notwendig ist, dass wir, während wir uns bemühen, unser Ziel zu erreichen und das Verständnis auf den richtigen Weg zu bringen, unser Leben weiterführen sollen, sind wir gezwungen, zunächst bestimmte Lebensregeln festzulegen als vorläufig gut, und zwar Folgendes :--

I. (2) Auf eine Weise zu sprechen, die für die Menge verständlich ist, und alle allgemeinen Bräuche einzuhalten, die die Verwirklichung unseres Ziels nicht behindern. (3) Denn wir können aus der Menge nicht geringe Vorteile ziehen, sofern wir uns bemühen, uns so weit wie möglich ihrem Verständnis anzupassen; außerdem werden wir auf diese Weise ein freundliches Publikum für die Aufnahme der Wahrheit gewinnen.

II. (17:4) Sich den Freuden nur insoweit hinzugeben, als sie zur Erhaltung der Gesundheit notwendig sind.

III. (5) Schließlich müssen wir uns bemühen, nur so viel Geld oder andere Güter zu beschaffen, dass wir unser Leben und unsere Gesundheit bewahren können, und solche allgemeinen Bräuche zu befolgen, die mit unserem Ziel im Einklang stehen.

[18] (1) Nachdem ich diese vorläufigen Regeln festgelegt habe, werde ich mich der ersten und wichtigsten Aufgabe zuwenden, nämlich der Verbesserung des Verständnisses und seiner Fähigkeit, die Dinge in der für die Erreichung unseres Ziels erforderlichen Weise zu verstehen. (2) Um dies herbeizuführen, verlangt die natürliche Ordnung, dass ich hier alle Wahrnehmungsweisen rekapituliere, die ich bisher verwendet habe, um

etwas mit Sicherheit zu bestätigen oder zu leugnen, damit ich gleichzeitig das Beste wählen kann Mit der Zeit erkenne ich meine eigenen Kräfte und die Natur, die ich vervollkommnen möchte.

[19] (1) Die Reflexion zeigt, dass alle Arten der Wahrnehmung oder des Wissens auf vier reduziert werden können:- -

I. (2) Wahrnehmung, die vom Hörensagen oder von einem Zeichen herrührt, das jeder nach Belieben benennen kann.

II. (3) Wahrnehmung, die aus bloßer Erfahrung entsteht – das heißt aus Erfahrung, die noch nicht vom Intellekt klassifiziert wurde und nur deshalb so genannt wird, weil das gegebene Ereignis zufällig stattgefunden hat und wir keine widersprüchlichen Tatsachen haben, die wir dagegen ansetzen könnten, so dass es bleibt daher unangefochten in unseren Köpfen.

III. (19:4) Wahrnehmung, die entsteht, wenn das Wesen einer Sache aus einer anderen Sache abgeleitet wird, jedoch nicht angemessen; Dies geschieht, wenn wir aus einer Wirkung ihre Ursache ableiten oder wenn aus einer allgemeinen Aussage abgeleitet wird, dass eine Eigenschaft immer vorhanden ist.

IV. (5) Schließlich gibt es noch die Wahrnehmung, die entsteht, wenn eine Sache allein durch ihr Wesen oder durch die Kenntnis ihrer unmittelbaren Ursache wahrgenommen wird.

[20] (1) Alle diese Arten der Wahrnehmung werde ich anhand von Beispielen veranschaulichen. (2) Durch Hörensagen kenne ich den Tag meiner Geburt, meine Abstammung und andere Dinge, an denen ich nie Zweifel gehabt habe. (3) Durch bloße Erfahrung weiß ich, dass ich sterben werde. Dies kann ich bestätigen, da ich gesehen habe, dass andere wie ich gestorben sind, obwohl nicht alle die gleiche Zeit gelebt haben oder an derselben Krankheit gestorben sind. (4) Ich weiß aus bloßer Erfahrung, dass Öl die Eigenschaft hat, Feuer zu schüren und Wasser, es zu löschen. (5) Auf die gleiche Weise weiß ich, dass ein Hund ein bellendes Tier ist, der Mensch ein rationales Tier und tatsächlich fast das gesamte praktische Wissen des Lebens.

[21] (1) Wir leiten eins vom anderen wie folgt ab: Wenn wir klar erkennen, dass wir einen bestimmten Körper und keinen anderen fühlen, schließen wir daraus klar, dass der Geist mit dem Körper verbunden ist und dass ihre Einheit dies ist die Ursache der gegebenen Empfindung; aber wir können daher die Natur der Empfindung und der Vereinigung nicht absolut verstehen . (2) Oder nachdem ich mich mit der Natur des Sehens vertraut gemacht habe und weiß, dass es die Eigenschaft hat, ein und dasselbe Ding in der Ferne kleiner erscheinen zu lassen als in der Nähe, kann ich daraus schließen, dass die Sonne größer ist, als sie erscheint und kann weitere Schlussfolgerungen der gleichen Art ziehen.

[22] (1) Schließlich kann eine Sache nur durch ihr Wesen wahrgenommen werden; wenn ich aufgrund der Tatsache, etwas zu wissen, weiß, was es bedeutet, dieses Ding zu kennen, oder wenn ich aufgrund der Kenntnis des Wesens des Geistes weiß, dass es mit dem Körper verbunden ist. (2) Durch die gleiche Art von Wissen wissen wir, dass zwei und drei fünf ergeben oder dass zwei Geraden, die jeweils zu einer dritten parallel sind, parallel zueinander sind usw. (3) Die Dinge, die ich durch diese Art von Wissen wissen konnte, sind bisher sehr wenige.

[23] (1) Um die ganze Angelegenheit in ein klareres Licht zu rücken, werde ich mich wie folgt einer einzigen Illustration bedienen. (2) Drei Zahlen sind gegeben – es ist erforderlich, eine vierte zu finden, die zur dritten so sein soll wie die zweite zur ersten. (23:3) Handwerker werden uns sofort sagen, dass sie wissen, was erforderlich ist, um die vierte Zahl zu finden, denn sie haben die Regel, die ihnen von ihren Herren willkürlich und ohne Beweis gegeben wurde, noch nicht vergessen; andere konstruieren aus ihrer Erfahrung mit einfachen Zahlen ein universelles Axiom, bei dem die vierte Zahl selbstverständlich ist, wie im Fall von 2, 4, 3, 6; Hier ist es offensichtlich, dass, wenn man die zweite Zahl mit der dritten multipliziert und das Produkt durch die erste dividiert, der Quotient 6 ist; Wenn sie sehen, dass durch diesen Prozess die Zahl erzeugt wird, von der sie vorher wussten, dass sie proportional ist, schlussfolgern sie, dass der Prozess immer für die Suche nach einer vierten proportionalen Zahl gilt.

[24] (1) Mathematiker wissen jedoch durch den Beweis des neunzehnten Satzes des siebten Buches von Euklid, welche Zahlen Proportionalitäten sind , nämlich aus der Natur und Eigenschaft der Proportionen folgt, dass das Produkt des ersten und vierten Willens ist gleich dem Produkt aus zweiter und dritter Zahl sein: Dennoch erkennen sie nicht die angemessene Proportionalität der gegebenen Zahlen, oder, wenn sie sie sehen, sehen sie sie nicht aufgrund von Euklids Satz, sondern intuitiv, ohne einen Prozess zu durchlaufen .

[25] (1) Damit aus diesen Wahrnehmungsweisen die beste ausgewählt werden kann, ist es gut, dass wir kurz die Mittel aufzählen, die zur Erreichung unseres Ziels erforderlich sind.

I. (2) Eine genaue Kenntnis unserer Natur zu haben, die wir vervollkommnen wollen, und so viel über die Natur im Allgemeinen zu wissen, wie nötig ist.

II. Auf diese Weise die Unterschiede, die Übereinstimmungen und die Gegensätze der Dinge sammeln.

III. So erfahren Sie genau, inwieweit sie geändert werden können oder nicht.

IV. Vergleichen Sie dieses Ergebnis mit der Natur und Kraft des Menschen. (4) Wir werden so den höchsten Grad an Vollkommenheit erkennen, den der Mensch erreichen kann.

[26] (1) Wir werden dann in der Lage sein zu sehen, welche Art der Wahrnehmung wir wählen sollten. (2) Was die erste Art betrifft, so ist es offensichtlich, dass unser Wissen vom Hörensagen immer unsicher sein muss und uns darüber hinaus keinen Einblick in das Wesen einer Sache geben kann, wie es in unserer Illustration deutlich wird; nun kann man zur Erkenntnis einer Sache nur durch die Kenntnis ihres Wesens gelangen, wie sich später zeigen wird. (3) Wir können daher eindeutig zu dem Schluss kommen, dass die Gewissheit, die sich aus dem Hörensagen ergibt, ihrem Charakter nach nicht wissenschaftlich sein kann. (4) Denn einfaches Hörensagen kann niemanden berühren, dessen Verständnis ihm nicht sozusagen auf halbem Weg entspricht.

[27] (1) Man kann nicht sagen, dass die zweite Art der Wahrnehmung [i] uns eine Vorstellung von dem Anteil gibt, nach dem wir suchen. (2) Darüber hinaus sind seine Ergebnisse sehr ungewiss und unbestimmt, denn wir werden mit seinen Mitteln niemals etwas in Naturphänomenen entdecken, außer zufälligen Eigenschaften, die nie klar verstanden werden, es sei denn, das Wesen der fraglichen Dinge wird zuerst erkannt. (3) Daher muss auch dieser Modus abgelehnt werden.

[28] (1) Von der dritten Art der Wahrnehmung können wir in gewisser Weise sagen, dass sie uns eine Vorstellung von der gesuchten Sache gibt und es uns ermöglicht, Schlussfolgerungen ohne Risiko eines Fehlers zu ziehen; Dennoch reicht es allein nicht aus, uns in den Besitz der Vollkommenheit zu versetzen, die wir anstreben.

[29] (1) Der vierte Modus allein erfasst das angemessene Wesen einer Sache ohne Gefahr eines Irrtums. (2) Dieser Modus muss daher derjenige sein, den wir hauptsächlich anwenden. (3) Wie sollten wir es dann nutzen, um mit der geringsten Verzögerung die vierte Art von Wissen über bisher unbekannte Dinge zu erlangen? (4) Ich werde mit der Erklärung fortfahren.

[30] (1) Nachdem wir nun wissen, welche Art von Wissen für uns notwendig ist, müssen wir den Weg und die Methode angeben, mit der wir das besagte Wissen über die Dinge erlangen können, die wir wissen müssen. (2) Um dies zu erreichen, müssen wir zunächst darauf achten, uns nicht auf eine Suche festzulegen, die bis ins Unendliche zurückreicht – das heißt, um die beste Methode zur Wahrheitsfindung zu finden, ist keine andere Methode erforderlich Entdecken Sie eine solche Methode. noch einer dritten Methode zur Entdeckung der zweiten und so weiter bis ins Unendliche. (3) Durch ein solches Vorgehen sollten wir niemals zur Erkenntnis der Wahrheit oder überhaupt zu irgendeiner Erkenntnis gelangen. (30:4) Die Angelegenheit

steht auf derselben Grundlage wie die Herstellung materieller Werkzeuge, über die man in ähnlicher Weise streiten könnte. (5) Denn um Eisen zu bearbeiten, bedarf es eines Hammers, und der Hammer kann nicht verfügbar sein, es sei denn, er wurde hergestellt; aber um es herzustellen, brauchte man einen weiteren Hammer und andere Werkzeuge und so weiter bis ins Unendliche. (6) Auf diese Weise könnten wir vergeblich versuchen zu beweisen, dass Menschen nicht in der Lage sind, Eisen zu bearbeiten.

Aufwand und größerer Perfektion schwieriger anfertigten ; und so stiegen sie allmählich von den einfachsten Arbeitsgängen zur Herstellung von Werkzeugen auf, und von der Herstellung von Werkzeugen zur Herstellung komplexerer Werkzeuge und neuer handwerklicher Meisterleistungen, bis sie bei der Herstellung komplizierter Mechanismen ankamen, die sie jetzt besitzen. (31:2) Ebenso schafft sich der Intellekt durch seine angeborene Kraft [k] intellektuelle Instrumente, wodurch er Kraft für die Durchführung anderer intellektueller Operationen erwirbt, [l], und aus diesen Operationen wiederum neue Instrumente oder die Fähigkeit, seine Untersuchungen weiter voranzutreiben und so schrittweise voranzukommen, bis es den Gipfel der Weisheit erreicht.

[32] (1) Dass dies der vom Verstand verfolgte Weg ist, kann leicht erkannt werden, wenn wir die Natur der Methode zur Wahrheitsfindung und der natürlichen Instrumente, die so notwendigen komplexen Instrumente und für den Fortschritt der Forschung verstehen, verstehen . Ich fahre also mit meiner Demonstration fort.

[33] (1) Eine wahre Idee, [m], (denn wir besitzen eine wahre Idee) ist etwas anderes als ihr Korrelat (ideatum); Daher unterscheidet sich ein Kreis von der Idee eines Kreises. (2) Die Idee eines Kreises ist nicht etwas, das einen Umfang und einen Mittelpunkt hat, wie es bei einem Kreis der Fall ist; noch ist die Idee eines Körpers der Körper selbst. (3) Da es nun etwas anderes ist als sein Gegenstück, ist es durch sich selbst verständlich; mit anderen Worten, die Idee, soweit ihr eigentliches Wesen (essentia formalis) betrifft, kann Gegenstand eines anderen subjektiven Wesens (essentia) sein objektiva). [33note1] (4) Und wiederum wird dieses zweite subjektive Wesen, an sich betrachtet, etwas Reales, Verstehbares sein; und so weiter, auf unbestimmte Zeit.

[34] (1) Beispielsweise ist der Mensch Petrus etwas Reales; Die wahre Idee von Petrus ist die subjektiv dargestellte Realität von Petrus und ist in sich etwas Reales und ganz anders als der tatsächliche Petrus. (2) Da nun diese wahre Petrusidee an sich etwas Reales ist und ihre eigene individuelle Existenz hat, wird sie auch verständlich sein können, also Gegenstand einer anderen Idee sein, die durch Vorstellung enthalten wird (objektiv) alles, was die Idee des Petrus tatsächlich enthält (formaliter). (3) Und wiederum hat

diese Idee der Idee von Petrus ihre eigene Individualität, die Gegenstand einer weiteren Idee werden kann; und so weiter, auf unbestimmte Zeit. (4) Dies kann jeder für sich selbst prüfen, indem er darüber nachdenkt, dass er weiß, was Petrus ist, und auch weiß, dass er es weiß, und darüber hinaus weiß, dass er weiß, dass er es weiß usw. (34:5) Daher ist es klar, dass es, um den tatsächlichen Petrus zu verstehen, nicht notwendig ist, zuerst die Idee von Petrus zu verstehen, und noch weniger die Idee der Idee von Petrus. (6) Dies ist das Gleiche, als würde man sagen, dass es zum Wissen nicht notwendig ist, zu wissen, dass wir wissen, geschweige denn zu wissen, dass wir wissen, dass wir wissen. (7) Dies ist nicht notwendiger, als die Natur eines Kreises zu kennen, bevor man die Natur eines Dreiecks kennt. [N]. (8) Aber bei diesen Ideen ist das Gegenteil der Fall: Denn um zu wissen, dass ich weiß, muss ich es zuerst wissen.

[35] (1) Daher ist klar, dass Gewissheit nichts anderes ist als das subjektive Wesen einer Sache: Mit anderen Worten, die Art und Weise, wie wir eine tatsächliche Realität wahrnehmen, ist Gewissheit. (2) Darüber hinaus ist es auch offensichtlich, dass für die Gewissheit der Wahrheit kein weiteres Zeichen erforderlich ist, das über den Besitz einer wahren Idee hinausgeht: Denn wie ich gezeigt habe, ist es nicht notwendig zu wissen, dass wir wissen, dass wir wissen. (3) Daher ist wiederum klar, dass niemand die Natur der höchsten Gewissheit erkennen kann, es sei denn, er besitzt eine angemessene Idee oder das subjektive Wesen einer Sache: Gewissheit ist identisch mit diesem subjektiven Wesen.

[36] (1) Da die Wahrheit also keines Zeichens bedarf – sie bedeutet, das subjektive Wesen der Dinge zu besitzen, oder mit anderen Worten, die Ideen davon, damit alle Zweifel beseitigt werden können –, folgt daraus Die wahre Methode besteht nicht darin, nach dem Erwerb der Idee nach Zeichen der Wahrheit zu suchen, sondern dass die wahre Methode uns die Reihenfolge lehrt, in der wir nach der Wahrheit selbst oder nach den subjektiven Essenzen der Dinge oder Ideen suchen sollten , denn alle diese Ausdrücke sind synonym.

[37] (1) Auch hier muss es bei der Methode zwangsläufig um Argumentation oder Verständnis gehen – ich meine, Methode ist nicht identisch mit Argumentation bei der Suche nach Ursachen, noch weniger ist es das Verstehen der Ursachen von Dingen: es ist die Unterscheidung einer wahren Idee, indem wir sie von anderen Wahrnehmungen unterscheiden und ihre Natur untersuchen, damit wir unseren Geist so trainieren können, dass er nach einem bestimmten Maßstab alles verstehen kann, was verständlich ist, indem wir bestimmte Regeln als Hilfsmittel festlegen, und durch die Vermeidung unnötiger geistiger Anstrengung.

[38] (1) Daraus können wir schließen, dass Methode nichts anderes ist als reflektierendes Wissen oder die Idee einer Idee; und da es keine Idee einer Idee geben kann – es sei denn, eine Idee existiert bereits zuvor –, kann es keine Methode ohne eine bereits existierende Idee geben. (2) Daher wird dies eine gute Methode sein, die uns zeigt, wie der Geist entsprechend dem Maßstab der gegebenen wahren Idee ausgerichtet werden sollte.

(38:3) Da wiederum das Verhältnis zwischen zwei Ideen das gleiche ist wie das Verhältnis zwischen den tatsächlichen Realitäten, die diesen Ideen entsprechen, folgt daraus, dass das reflektierende Wissen, das das vollkommenste Wesen zum Gegenstand hat, vorzüglicher ist als das reflektierende Wissen in Bezug auf andere Objekte – mit anderen Worten, die Methode wird am vollkommensten sein, die den Maßstab der gegebenen Idee des vollkommensten Wesens liefert, auf das wir unseren Geist richten können.

[39] (1) Wir verstehen daher leicht, wie der Geist in dem Maße, in dem er sich neue Ideen aneignet, gleichzeitig neue Instrumente erwirbt, um seine Untersuchungen weiter zu verfolgen. (2) Denn wir können aus dem Gesagten schließen, dass eine wahre Idee notwendigerweise zunächst einmal in uns als natürliches Instrument vorhanden sein muss; und dass, wenn diese Idee vom Geist erfasst wird, sie es uns ermöglicht, den Unterschied zu verstehen, der zwischen ihr und allen anderen Wahrnehmungen besteht. (3) Darin besteht ein Teil der Methode.

(39:4) Nun ist es klar, dass der Geist sich selbst umso besser erfasst, je mehr er eine größere Anzahl natürlicher Objekte versteht; Daraus folgt, dass dieser Teil der Methode umso vollkommener sein wird, je mehr der Geist zum Verständnis einer größeren Anzahl von Objekten gelangt, und dass er absolut vollkommen sein wird, wenn der Geist Kenntnis vom absolut vollkommenen Wesen erlangt. oder wird sich dessen bewusst.

[40] (1) Nochmals: Je mehr Dinge der Geist weiß, desto besser versteht er seine eigene Stärke und die Ordnung der Natur; Durch die gesteigerte Selbsterkenntnis kann es sich leichter leiten und Regeln für seine eigene Führung festlegen. und durch größere Kenntnis der Natur kann es leichter vermeiden, was nutzlos ist. (2) Und das ist die Gesamtsumme der Methode, wie wir bereits festgestellt haben.

[41] (1) Wir können hinzufügen, dass die Idee in der Welt des Denkens im selben Fall ist wie ihr Korrelat in der Welt der Realität. (2) Wenn es also etwas in der Natur gäbe, das mit keinem anderen Ding in Verbindung steht, und wenn wir ihm ein subjektives Wesen zuschreiben würden, das in jeder Hinsicht der objektiven Realität entsprechen würde, so hätte das subjektive Wesen keinen Zusammenhang, [p] mit anderen Ideen – mit anderen Worten, wir konnten diesbezüglich keine Schlussfolgerungen ziehen. (41:3)

Andererseits werden die Dinge, die mit anderen verbunden sind – wie alle Dinge, die in der Natur existieren – vom Geist verstanden, und ihr subjektives Wesen wird die gleichen gegenseitigen Beziehungen aufrechterhalten wie ihre objektiven Realitäten. - das heißt, wir werden aus diesen Ideen andere Ideen ableiten, die wiederum mit anderen verbunden werden, und so werden unsere Instrumente zur Fortführung unserer Untersuchung zunehmen. (4) Das wollten wir beweisen.

[42] (1) Darüber hinaus geht aus dem gerade Gesagten hervor, dass eine Idee in jeder Hinsicht ihrem Korrelat in der Welt der Realität entsprechen muss, um sich in jeder Hinsicht zu reproduzieren Um das getreue Abbild der Natur zu respektieren, muss unser Geist alle seine Ideen aus der Idee ableiten, die den Ursprung und die Quelle der gesamten Natur darstellt, damit sie selbst zur Quelle anderer Ideen werden kann.

[43] (1) Es kann vielleicht Erstaunen hervorrufen, dass wir, nachdem wir gesagt haben, dass die gute Methode diejenige ist, die uns lehrt, unseren Geist nach dem Maßstab der gegebenen wahren Idee auszurichten, unseren Standpunkt durch Argumentation beweisen sollten, was scheint darauf hinzudeuten, dass es nicht selbstverständlich ist. (2) Wir können daher hinsichtlich der Gültigkeit unserer Argumentation in Frage gestellt werden. (3) Wenn unsere Argumentation fundiert ist, müssen wir eine wahre Idee als Ausgangspunkt nehmen. (4) Um nun sicher zu sein, dass unser Ausgangspunkt wirklich eine wahre Idee ist, brauchen wir einen Beweis. (5) Diese erste Argumentation muss durch eine zweite, die zweite durch eine dritte und so weiter bis ins Unendliche gestützt werden.

[44] (1) Darauf antworte ich: Wenn durch einen glücklichen Zufall jemand diese Methode bei seinen Naturuntersuchungen übernommen hätte – das heißt, wenn er sich neue Ideen in der richtigen Reihenfolge, gemäß dem Standard der Natur, angeeignet hätte Er hätte niemals an der Wahrheit seines Wissens gezweifelt, da sich die Wahrheit, wie wir gezeigt haben, manifestiert und alle Dinge ihm sozusagen spontan entgegenfließen würden. (44:2) Da dies aber nie oder nur selten vorkommt, war ich gezwungen, mein Vorgehen so zu gestalten, dass wir durch Überlegung und Voraussicht erlangen, was wir durch Zufall nicht erlangen können, und dass es gleichzeitig so aussieht , um die Wahrheit zu beweisen und für gültiges Denken brauchen wir keine anderen Mittel als die Wahrheit und das gültige Denken selbst: denn durch gültiges Denken habe ich gültiges Denken begründet, und in gleichem Maße versuche ich immer noch, es zu begründen.

[45] (1) Darüber hinaus ist dies die Denkordnung, die die Menschen in ihren inneren Meditationen übernehmen. (2) Die Gründe für seinen seltenen Einsatz bei der Erforschung der Natur liegen in den aktuellen Missverständnissen, deren Ursachen wir im Folgenden in unserer

Philosophie untersuchen werden. (3) Darüber hinaus erfordert es, wie wir zeigen werden, ein scharfes und genaues Urteilsvermögen. (4) Schließlich wird es durch die Bedingungen des menschlichen Lebens behindert, die, wie wir bereits betont haben, äußerst veränderlich sind. (5) Es gibt noch weitere Hindernisse, auf die wir hier nicht eingehen.

[46] (1) Wenn jemand fragt, warum ich nicht gleich zu Beginn alle Wahrheiten der Natur in ihrer richtigen Reihenfolge dargelegt habe, da die Wahrheit selbstverständlich ist, antworte ich mit der Warnung, keine Paradoxien als falsch abzulehnen er mag es hier finden, aber sich die Mühe zu machen, über die Argumentationskette nachzudenken, auf die sie gestützt werden; Dann wird er nicht mehr daran zweifeln, dass wir zur Wahrheit gelangt sind. (2) Deshalb habe ich wie oben.

[47] (1) Wenn es noch einen Skeptiker gibt, der an unserer primären Wahrheit und allen Schlussfolgerungen, die wir ziehen, zweifelt und diese Wahrheit als unseren Maßstab nimmt, muss er entweder in böser Absicht argumentieren, oder wir müssen zugeben, dass es so ist Männer in völliger geistiger Blindheit, entweder angeboren oder aufgrund falscher Vorstellungen – das heißt aufgrund eines äußeren Einflusses. (2) Solche Personen sind sich ihrer selbst nicht bewusst. (3) Wenn sie etwas bejahen oder bezweifeln, wissen sie nicht, dass sie es bejahen oder bezweifeln: Sie sagen, dass sie nichts wissen, und sie sagen, dass sie sich der Tatsache, dass sie nichts wissen, nicht bewusst sind. (4) Auch wenn sie dies nicht absolut bestätigen, fürchten sie sich davor, zuzugeben, dass sie existieren, solange sie nichts wissen; Tatsächlich sollten sie stumm bleiben, aus Angst, leichtfertig anzunehmen, was nach Wahrheit riechen könnte.

[48] (1) Schließlich sollte man bei solchen Personen nicht von Wissenschaften sprechen: denn was das Leben und Verhalten betrifft, sind sie gezwungen, anzunehmen, dass sie existieren, und ihren eigenen Vorteil zu suchen und oft zu behaupten und leugnen, auch mit einem Eid. (2) Wenn sie leugnen, zustimmen oder widersprechen, wissen sie nicht, dass sie leugnen, zustimmen oder widersprechen, so dass sie als Automaten betrachtet werden sollten, denen es völlig an Intelligenz mangelt.

[49] (1) Kehren wir nun zu unserem Vorschlag zurück. (2) Bis heute haben wir zunächst das Ziel definiert, auf das wir alle unsere Gedanken richten möchten; Zweitens haben wir die Art der Wahrnehmung bestimmt, die uns am besten dabei hilft, unsere Vollkommenheit zu erreichen. Drittens haben wir den Weg entdeckt, den unser Geist einschlagen sollte, um einen guten Anfang zu machen – nämlich, dass er jede wahre Idee als Maßstab bei der Verfolgung seiner Untersuchungen nach festen Regeln verwenden sollte. (49:3) Damit es nun so weitergehen kann, muss unsere Methode uns zunächst ein Mittel an die Hand geben, eine wahre Idee von allen anderen

Wahrnehmungen zu unterscheiden und den Geist in die Lage zu versetzen, letztere zu vermeiden; zweitens mit Regeln zur Wahrnehmung unbekannter Dinge nach dem Maßstab der wahren Idee; drittens mit einer Anordnung, die es uns ermöglicht, unnötige Arbeit zu vermeiden. (49:4) Als wir mit dieser Methode vertraut wurden, erkannten wir, dass sie viertens perfekt sein würde, wenn wir zur Idee des absolut vollkommenen Wesens gelangt wären. (5) Dies ist eine Beobachtung, die gleich zu Beginn gemacht werden sollte, damit wir schneller zum Wissen über ein solches Wesen gelangen können.

[50] (1) Beginnen wir dann mit dem ersten Teil der Methode, der, wie wir gesagt haben, darin besteht, die wahre Idee von anderen Wahrnehmungen zu unterscheiden und zu trennen und zu verhindern, dass der Geist diese mit wahren Ideen verwechselt die falsch, fiktiv und zweifelhaft sind. (2) Ich beabsichtige, ausführlich auf diesen Punkt einzugehen, teils, um dem Leser eine so notwendige Unterscheidung vor Augen zu halten, und auch, weil es einige gibt, die an wahren Ideen zweifeln, weil sie sich nicht um die Unterscheidung zwischen einer wahren Wahrnehmung und allem gekümmert haben Andere. (3) Solche Personen sind wie Menschen, die, während sie wach sind, nicht daran zweifeln, dass sie wach sind, aber später im Traum, wie es oft vorkommt, denken, dass sie sicher wach sind, und dann feststellen, dass sie sich geirrt haben, und zweifeln sogar davon, wach zu sein. (4) Dieser Geisteszustand entsteht durch Vernachlässigung der Unterscheidung zwischen Schlafen und Wachen.

[51] (1) In der Zwischenzeit möchte ich warnen, dass ich hier nicht die Essenz jeder Wahrnehmung darlegen und sie durch ihre unmittelbare Ursache erklären werde. (2) Solche Arbeiten fallen in den Bereich der Philosophie. (3) Ich werde mich auf das beschränken, was die Methode betrifft – das heißt auf den Charakter fiktiver, falscher und zweifelhafter Wahrnehmungen und die Mittel, uns davon zu befreien. (4) Untersuchen wir zunächst die Natur einer fiktiven Idee.

[52] (1) Jede Wahrnehmung hat entweder ein als existierend angesehenes Ding oder lediglich das Wesen eines Dings zum Gegenstand. (2) Nun beschäftigt sich „Fiktion" hauptsächlich mit Dingen, die als existierend gelten. (3) Ich werde daher zuerst diese betrachten – ich meine Fälle, in denen nur die Existenz eines Objekts vorgetäuscht wird und die so vorgetäuschte Sache verstanden wird oder als verstanden angenommen wird. (4) Ich täusche zum Beispiel vor, dass Peter, von dem ich weiß, dass er nach Hause gegangen ist, mich besucht, [r] oder so etwas in der Art. (5) Worum geht es bei einer solchen Idee? (6) Es geht um mögliche Dinge und nicht um notwendige oder unmögliche Dinge.

[53] (1) Ich nenne ein Ding unmöglich, wenn seine Existenz einen Widerspruch implizieren würde; notwendig, wenn seine Nichtexistenz einen

Widerspruch bedeuten würde; möglich, wenn weder seine Existenz noch seine Nichtexistenz einen Widerspruch implizieren, sondern wenn die Notwendigkeit oder Unmöglichkeit seiner Natur von uns unbekannten Ursachen abhängt, während wir so tun, als ob es existiert. (2) Wenn uns die Notwendigkeit oder Unmöglichkeit seiner Existenz in Abhängigkeit von äußeren Ursachen bekannt wäre, könnten wir keine fiktiven Hypothesen darüber aufstellen;

[54] (1) Daraus folgt, dass, wenn es einen Gott oder ein allwissendes Wesen gibt, ein solches keine fiktiven Hypothesen aufstellen kann. (2) Denn was uns selbst betrifft: Wenn ich weiß, dass ich existiere, kann ich nicht die Hypothese aufstellen, dass ich existiere oder nicht existiere, ebenso wenig wie ich die Hypothese aufstellen kann, dass ein Elefant durch ein Nadelöhr gehen kann; Auch wenn ich die Natur Gottes kenne, kann ich nicht die Hypothese aufstellen, dass er existiert oder nicht. [t] (54:3) Das Gleiche gilt für die Chimären, deren Natur einen Widerspruch impliziert. (4) Aus diesen Überlegungen geht hervor, wie ich bereits dargelegt habe, dass es in der Fiktion nicht um ewige Wahrheiten gehen kann. [u]

[55] (1) Aber bevor ich fortfahre, muss ich nebenbei bemerken, dass der Unterschied zwischen dem Wesen einer Sache und dem Wesen einer anderen Sache derselbe ist wie der, der zwischen der Realität oder Existenz einer Sache und der anderen Sache besteht Realität oder Existenz eines anderen; Wollten wir uns also z. B. die Existenz Adams einfach durch die Existenz überhaupt vorstellen, so wäre es dasselbe, als ob wir, um uns seine Existenz vorzustellen, auf die Natur des Seins zurückgreifen würden Adam als Wesen zu definieren. (2) Je allgemeiner also Existenz gedacht wird, desto verwirrender wird sie verstanden und desto leichter kann sie einem gegebenen Objekt zugeschrieben werden. (55:3) Im Gegenteil: Je genauer man es sich vorstellt, desto klarer wird es verstanden und desto weniger ist es möglich, dass es durch Vernachlässigung der Naturordnung etwas anderem als seinem eigentlichen Gegenstand zugeschrieben wird. (4) Dies ist erwähnenswert.

[56] (1) Wir betrachten nun die Fälle, die allgemein als Fiktionen bezeichnet werden, obwohl wir klar verstanden haben, dass die Sache nicht so ist, wie wir sie uns vorstellen. (2) Ich weiß zum Beispiel, dass die Erde rund ist, aber nichts hindert mich daran, den Menschen zu sagen, dass sie eine Halbkugel ist und wie ein halber Apfel, der in Relief auf einer Schüssel geschnitzt ist; oder dass sich die Sonne um die Erde bewegt und so weiter. (56:3) Eine Untersuchung wird uns jedoch zeigen, dass hier nichts im Widerspruch zu dem Gesagten steht, vorausgesetzt, wir geben zunächst zu, dass wir möglicherweise Fehler gemacht haben, und sind uns dieser jetzt bewusst; und außerdem, dass wir die Hypothese aufstellen oder zumindest annehmen können, dass andere denselben Fehler begehen wie wir selbst oder, wie wir,

unter denselben Fehler fallen können. (4) Wir können, ich wiederhole, also Hypothesen aufstellen, solange wir keine Unmöglichkeit sehen. (56:5) Wenn ich also jemandem sage, dass die Erde nicht rund ist usw., erinnere ich mich nur an den Fehler, den ich vielleicht selbst gemacht habe oder in den ich geraten sein könnte, und stelle anschließend die Hypothese auf, dass die Person, zu der ich Sagen Sie es, ist immer noch derselbe Fehler oder fällt möglicherweise immer noch unter denselben Fehler. (6) Dies sage ich, ich kann so tun, als ob ich keine Unmöglichkeit oder Notwendigkeit erkenne; Wenn ich das eine oder das andere wirklich verstanden hätte, wäre ich nicht in der Lage, so zu tun, als ob ich es versucht hätte.

[57] (1) Es bleibt uns überlassen, Hypothesen zu betrachten, die in Problemen aufgestellt wurden, die manchmal Unmöglichkeiten beinhalten. (2) Wenn wir zum Beispiel sagen: Nehmen wir an, dass diese brennende Kerze nicht brennt, oder nehmen wir an, dass sie in einem imaginären Raum brennt oder wo es keine physischen Objekte gibt. (3) Solche Annahmen werden freiwillig gemacht, obwohl letzteres eindeutig als unmöglich angesehen wird. (4) Aber auch wenn dies so ist, liegt in diesem Fall keine Fiktion vor. (57:5) Denn im ersten Fall habe ich mich lediglich an eine andere Kerze erinnert, die nicht brannte, oder ich habe mir vorgestellt, dass die Kerze vor mir keine Flamme hatte, und dann verstehe ich es so, als würde ich sie auf die letztere anwenden und ihre Flamme belassen Flamme kommt nicht in Frage, alles was ich von ersterem halte. (6) Im zweiten Fall muss ich lediglich meine Gedanken von den die Kerze umgebenden Gegenständen abstrahieren, damit sich der Geist der Betrachtung der Kerze widmen kann, die nur einzeln betrachtet wird; Daraus kann ich den Schluss ziehen, dass die Kerze an sich keine Gründe für ihre eigene Zerstörung enthält, sodass die Kerze und sogar die Flamme unveränderlich bleiben würden, wenn es keine physischen Objekte gäbe, und so weiter. (7) Es handelt sich hier also nicht um Fiktion, sondern um wahre und bloße Behauptungen.

[58] (1) Gehen wir nun zu den Fiktionen über, die sich nur mit Essenzen oder gleichzeitig mit einer Realität oder Existenz befassen. (2) Hierbei müssen wir besonders beachten, dass in dem Maße, wie das Verständnis des Geistes kleiner wird und seine Erfahrung multiplexer wird, auch seine Fähigkeit, Fiktionen zu prägen, größer wird, wohingegen seine Fähigkeit, fiktive Ideen zu unterhalten, mit zunehmendem Verständnis geringer wird. (58:3) So wie wir zum Beispiel beim Denken nicht vortäuschen können, dass wir denken oder nicht denken, so können wir uns auch keine unendliche Fliege vorstellen, wenn wir die Natur des Körpers kennen ; oder, wenn wir die Natur der Seele kennen, [z] können wir sie uns nicht quadratisch vorstellen, obwohl alles verbal ausgedrückt werden kann. (4) Aber wie wir oben sagten, je weniger Menschen über die Natur wissen, desto leichter können sie fiktive Ideen prägen, wie zum Beispiel sprechende Bäume, sich

augenblicklich in Steine oder Brunnen verwandelnde Menschen, in Spiegeln erscheinende Geister, etwas, das aus dem Nichts kommt, Sogar Götter verwandelten sich in Tiere und Menschen und in unzählige andere Absurditäten der gleichen Art.

[59] (1) Manche Leute denken vielleicht, dass Fiktion durch Fiktion und nicht durch Verständnis begrenzt wird; Mit anderen Worten: Nachdem ich mir eine fiktive Idee ausgedacht und aus freien Stücken bestätigt habe, dass sie in einer bestimmten Form in der Natur existiert, bin ich dadurch daran gehindert, sie in irgendeiner anderen Form zu denken. (2) Wenn ich zum Beispiel vorgetäuscht habe (um ihr Argument zu wiederholen), dass die Natur des Körpers von einer bestimmten Art sei, und aus freien Stücken den Wunsch hatte, mich selbst davon zu überzeugen, dass er tatsächlich in dieser Form existiert, bin ich es nicht mehr kann die Hypothese aufstellen, dass beispielsweise eine Fliege unendlich ist; Wenn ich also eine Hypothese über das Wesen der Seele aufgestellt habe, bin ich nicht in der Lage, sie mir als Quadrat usw. vorzustellen.

[60] (1) Diese Argumente erfordern jedoch weitere Untersuchungen. (2) Erstens müssen ihre Befürworter entweder zugeben oder leugnen, dass wir irgendetwas verstehen können. Wenn sie es zugeben, dann muss man vom Verstand zwangsläufig das Gleiche sagen, was man von der Fiktion sagt. (3) Wenn sie es leugnen, lasst uns, die wir wissen, dass wir etwas wissen, sehen, was sie meinen. (4) Sie behaupten, dass die Seele weder sich selbst noch existierende Dinge bewusst sein und auf vielfältige Weise wahrnehmen kann, sondern nur Dinge, die weder in sich selbst noch irgendwo anders sind, mit anderen Worten, durch die die Seele es kann Seine alleinige Kraft erzeugt Empfindungen oder Ideen, die nichts mit Dingen zu tun haben. (5) Tatsächlich betrachten sie die Seele als eine Art Gott . (60:6) Darüber hinaus behaupten sie, dass wir oder unsere Seele eine solche Freiheit haben, dass wir uns selbst oder unsere Seele oder sogar die Freiheit unserer Seele einschränken können. (7) Denn nachdem es sich eine fiktive Idee gebildet und ihr seine Zustimmung gegeben hat, kann es diese nicht anders denken oder vortäuschen, sondern wird durch die erste fiktive Idee gezwungen, alle seine anderen Gedanken im Einklang mit dieser zu halten. (8) Unsere Gegner sind daher gezwungen, zur Stützung ihrer Fiktion die Absurditäten zuzugeben, die ich gerade aufgezählt habe; und die einer rationalen Widerlegung nicht würdig sind.

[61] (1) Während wir solche Personen in ihrem Irrtum belassen, werden wir darauf achten, aus unserer Auseinandersetzung mit ihnen eine Wahrheit abzuleiten, die für unseren Zweck nützlich ist, nämlich [61a] dass der Geist, wenn er auf eine hypothetische oder falsche Sache achtet Wenn man darüber nachdenkt und es versteht und daraus die richtigen Schlussfolgerungen in der richtigen Reihenfolge ableitet, wird man leicht seine Falschheit

entdecken; und wenn die hypothetische Sache ihrer Natur nach wahr ist und der Geist ihr Aufmerksamkeit schenkt, um sie zu verstehen und die daraus ableitbaren Wahrheiten abzuleiten, wird der Geist mit einer ununterbrochenen Reihe treffender Schlussfolgerungen fortfahren; auf die gleiche Weise, wie es (wie wir gerade gezeigt haben) sofort die Absurdität einer falschen Hypothese und der daraus gezogenen Schlussfolgerungen entdecken würde.

[62] (1) Wir müssen daher keine Angst davor haben, Hypothesen aufzustellen, solange wir eine klare und deutliche Vorstellung davon haben, worum es geht. (2) Denn wenn wir etwa behaupten würden, dass Menschen plötzlich in Tiere verwandelt werden, wäre die Aussage äußerst allgemein, so allgemein, dass es keinen Begriff, das heißt keine Idee oder Verbindung von Subjekt und Prädikat gäbe unsere Gedanken. (3) Wenn es eine solche Vorstellung gäbe , müssten wir uns gleichzeitig der Mittel und Ursachen bewusst sein, durch die das Ereignis stattgefunden hat. (4) Darüber hinaus achten wir nicht auf die Natur des Subjekts und des Prädikats.

[63] (1) Wenn nun die erste Idee nicht fiktiv ist und alle anderen Ideen daraus abgeleitet werden, wird unsere Eile, fiktive Ideen zu bilden, allmählich nachlassen. (2) Darüber hinaus kann eine fiktive Idee nicht klar und deutlich sein, sondern ist notwendigerweise verwirrt, und da jede Verwirrung aus der Tatsache entsteht, dass der Geist nur teilweises Wissen über eine einfache oder komplexe Sache hat und nicht zwischen dem Bekannten unterscheidet und das Unbekannte, und wiederum, dass es seine Aufmerksamkeit wahllos auf alle Teile eines Objekts gleichzeitig richtet, ohne Unterscheidungen zu treffen, folgt daraus erstens, dass, wenn die Idee von etwas sehr Einfachem ist, sie notwendigerweise klar und deutlich sein muss. (3) Da ein sehr einfaches Objekt nicht teilweise bekannt sein kann, muss es entweder vollständig oder überhaupt nicht bekannt sein.

[64] (1) Zweitens folgt daraus, dass jede Verwirrung verschwinden wird, wenn ein komplexer Gegenstand durch Gedanken in eine Anzahl einfacher Bestandteile zerlegt wird und jeder einzeln betrachtet wird. (2) Drittens folgt daraus, dass Fiktion nicht einfach sein kann, sondern aus der Vermischung mehrerer verwirrter Ideen verschiedener in der Natur existierender Objekte oder Handlungen besteht oder vielmehr aus der Aufmerksamkeit besteht, die auf alle dieser Ideen gleichzeitig gerichtet ist, [64b] und ohne jegliche geistige Zustimmung.

(64:3) Nun wäre eine Fiktion, die einfach wäre, klar und deutlich und daher wahr, und auch eine Fiktion, die nur aus bestimmten Ideen besteht, wäre klar und deutlich und daher wahr. (4) Wenn wir zum Beispiel die Natur des Kreises und des Quadrats kennen, ist es für uns unmöglich, diese beiden

Figuren miteinander zu verschmelzen und einen quadratischen Kreis anzunehmen, genauso wenig wie eine quadratische Seele oder ähnliches.

[65] (1) Lassen Sie uns kurz zu unserer Schlussfolgerung kommen und noch einmal wiederholen, dass wir keine Angst davor haben müssen, das, was nur eine Fiktion ist, mit wahren Ideen zu verwechseln. (2) Was die erste Art von Fiktion betrifft, von der wir bereits gesprochen haben: Wenn ein Ding klar gedacht ist, haben wir gesehen, dass Fiktion keinen Anteil daran haben kann, wenn die Existenz dieses Dings an sich eine ewige Wahrheit ist; Aber wenn die Existenz des Vorgestellten keine ewige Wahrheit ist, müssen wir nur vorsichtig sein, diese Existenz mit dem Wesen der Sache zu vergleichen und die Ordnung der Natur zu berücksichtigen. (64:3) Was die zweite Art von Fiktion betrifft, von der wir sagten, sie sei das Ergebnis der gleichzeitigen Lenkung der Aufmerksamkeit ohne Zustimmung des Intellekts auf verschiedene verworrene Ideen, die verschiedene in der Natur existierende Dinge und Handlungen darstellen, so haben wir das gesehen ein absolut einfaches Ding kann nicht vorgetäuscht werden, sondern muss verstanden werden, und dass ein komplexes Ding derselbe Fall ist, wenn wir die einfachen Teile, aus denen es besteht, getrennt betrachten; Wir werden nicht einmal in der Lage sein, eine unwahre Handlung in Bezug auf solche Objekte anzunehmen, da wir gezwungen sind, gleichzeitig die Ursachen und die Art einer solchen Handlung zu berücksichtigen.

[66] (1) Nachdem wir diese Dinge so verstanden haben, lasst uns dazu übergehen, die falsche Idee zu betrachten, die Objekte zu beobachten, mit denen sie sich befasst, und die Mittel, uns davor zu schützen, in falsche Wahrnehmungen zu verfallen. (2) Keine dieser Aufgaben wird nach unserer Untersuchung fiktiver Ideen große Schwierigkeiten bereiten. (3) Die falsche Idee unterscheidet sich von der fiktiven Idee nur dadurch, dass sie eine mentale Zustimmung impliziert – das heißt, wie wir bereits bemerkt haben, während die Vorstellungen auftreten, sind für uns keine Ursachen vorhanden, von denen aus, wie in der Fiktion , können wir daraus schließen, dass solche Darstellungen nicht von externen Objekten ausgehen: Tatsächlich ist es so, als ob man mit offenen Augen oder im Wachzustand träumt. (67:4) Eine falsche Idee befasst sich also mit der Existenz einer Sache, deren Wesen bekannt ist, oder ist ihr (richtiger gesagt) zuzuschreiben, oder mit der Essenz selbst, genau wie eine fiktive Idee.

[67] (1) Wenn sie auf die Existenz der Sache zurückzuführen ist, wird sie auf die gleiche Weise korrigiert wie eine fiktive Idee unter ähnlichen Umständen. (2) Wenn sie auf das Wesentliche zurückzuführen ist, wird sie ebenso wie eine fiktive Idee korrigiert. (67:3) Denn wenn die Natur der bekannten Sache eine notwendige Existenz impliziert, können wir uns hinsichtlich ihrer Existenz nicht irren; Wenn aber die Natur der Sache nicht wie ihr Wesen eine ewige Wahrheit ist, sondern umgekehrt die Notwendigkeit oder

Unmöglichkeit ihrer Existenz von äußeren Ursachen abhängt, dann müssen wir den gleichen Weg einschlagen, den wir in der Geschichte der Fiktion eingeschlagen haben, denn sie ist korrigiert auf die gleiche Weise.

[68] (1) Was falsche Vorstellungen betrifft, die sich auf Essenzen oder sogar auf Handlungen beziehen, so sind solche Wahrnehmungen notwendigerweise immer verwirrt und bestehen aus verschiedenen verwirrten Wahrnehmungen von Dingen, die in der Natur existieren, wie zum Beispiel, wenn Menschen davon überzeugt werden, dass es Gottheiten gibt in Wäldern, in Statuen, in rohen Tieren und dergleichen vorhanden; dass es Körper gibt, die allein durch ihre Zusammensetzung den Intellekt hervorbringen; diese Leichen denken, gehen umher und sprechen; dass Gott getäuscht wird und so weiter. (68:2) Aber Vorstellungen, die klar und deutlich sind, können niemals falsch sein; denn Vorstellungen von Dingen, die klar und deutlich verstanden werden, sind entweder selbst sehr einfach, oder sie sind aus sehr einfachen Vorstellungen zusammengesetzt, das heißt, sie werden daraus abgeleitet. (3) Die Unmöglichkeit, dass eine sehr einfache Idee falsch sein kann, ist für jeden offensichtlich, der die Natur der Wahrheit oder des Verständnisses und der Falschheit versteht.

[69] (1) Was das angeht, was die Realität der Wahrheit ausmacht, ist es sicher, dass sich eine wahre Idee von einer falschen unterscheidet, und zwar nicht so sehr durch ihren äußerlichen Gegenstand, sondern vielmehr durch ihre intrinsische Natur. (2) Wenn ein Architekt sich ein ordnungsgemäß gebautes Gebäude vorstellt, ist die Idee dennoch wahr, auch wenn ein solches Gebäude nie existiert hat und es auch nie existiert hat; und die Idee bleibt dieselbe, ob sie nun in die Tat umgesetzt wird oder nicht. (69:3) Wenn andererseits jemand zum Beispiel behauptet, dass Petrus existiert, ohne zu wissen, ob Petrus wirklich existiert oder nicht, ist die Behauptung, soweit es den Behaupter betrifft, zwar falsch oder nicht wahr Peter existiert tatsächlich. (4) Die Behauptung, dass Petrus existiert, gilt nur in Bezug auf denjenigen, der sicher weiß, dass Petrus existiert.

[70] (1) Daraus folgt, dass es in den Ideen etwas Reales gibt, wodurch das Wahre vom Falschen unterschieden wird. (2) Diese Realität muss erforscht werden, wenn wir den besten Maßstab für die Wahrheit finden wollen (wir haben gesagt, dass wir unsere Gedanken anhand des vorgegebenen Maßstabs einer wahren Idee bestimmen sollten, und diese Methode ist reflexives Wissen), und zwar kennen die Eigenschaften unseres Verstandes. (70:3) Wir dürfen auch nicht sagen, dass der Unterschied zwischen wahr und falsch aus der Tatsache resultiert, dass wahres Wissen darin besteht, Dinge durch ihre primären Ursachen zu erkennen, wodurch es sich völlig von falschem Wissen unterscheidet, wie ich es gerade erklärt habe: denn Ein Gedanke gilt als wahr, wenn er subjektiv das Wesen eines Prinzips beinhaltet, das keine Ursache hat und durch sich selbst und in sich selbst erkannt wird.

[71] (1) Daher muss die Realität (Forma) des wahren Gedankens im Gedanken selbst existieren, ohne Bezug auf andere Gedanken; es erkennt nicht das Objekt als seine Ursache an, sondern muss sich auf die tatsächliche Kraft und Natur des Verstehens verlassen. (2) Denn wenn wir annehmen, dass der Verstand eine neue Entität wahrgenommen hat, die nie existiert hat, wie manche sich den Verstand Gottes vorstellen, bevor Er die Dinge erschuf (eine Wahrnehmung, die sicherlich kein Objekt entstehen lassen konnte), und legitimerweise andere Gedanken abgeleitet hat Nach dieser Wahrnehmung wären alle diese Gedanken wahr, ohne dass sie durch ein äußeres Objekt bestimmt würden. sie würden allein von der Kraft und Natur des Verstandes abhängen. (71:3) Daher muss das, was die Realität eines wahren Gedankens ausmacht, im Gedanken selbst gesucht und aus der Natur des Verstandes abgeleitet werden.

[72] (1) Um unsere Untersuchung fortzusetzen, konfrontieren wir uns mit einer wahren Idee, von der wir mit Sicherheit wissen, dass sie von unserer Denkkraft abhängt und von der es in der Natur nichts gibt, was ihr entspricht. (2) Wenn wir eine Idee dieser Art vor uns haben, werden wir, wie sich aus dem eben Gesagten ergibt, leichter in der Lage sein, die von uns ins Auge gefasste Forschung fortzusetzen. (72:3) Um zum Beispiel die Vorstellung einer Kugel zu bilden, erfinde ich nach Belieben eine Ursache – nämlich einen Halbkreis, der sich um seinen Mittelpunkt dreht und so eine Kugel erzeugt. (4) Dies ist unbestreitbar eine wahre Idee; und obwohl wir wissen, dass noch nie eine Kugel in der Natur tatsächlich so geformt wurde, bleibt die Wahrnehmung wahr und ist die einfachste Art, sich eine Kugel vorzustellen. (72:5) Wir müssen beachten, dass diese Wahrnehmung die Rotation eines Halbkreises behauptet – diese Behauptung wäre falsch, wenn sie nicht mit der Vorstellung einer Kugel oder einer Ursache, die eine Bewegung dieser Art oder absolut bestimmt, verbunden wäre , wenn die Behauptung isoliert wäre. (6) Der Geist würde dann nur zur Bestätigung der einzigen Bewegung eines Halbkreises tendieren, die nicht in der Vorstellung eines Halbkreises enthalten ist und nicht aus der Vorstellung einer Ursache hervorgeht, die eine solche Bewegung hervorrufen kann.

(72:7) Falschheit besteht also nur darin, dass von einer Sache etwas behauptet wird, was in der Vorstellung, die wir uns von dieser Sache gemacht haben, nicht enthalten ist, als Bewegung oder Ruhe eines Halbkreises. (8) Daraus folgt, dass einfache Ideen nicht anders als wahr sein können – z. B. die einfache Idee eines Halbkreises, einer Bewegung, einer Ruhe, einer Menge usw.

(72:9) Welche Bestätigung auch immer solche Ideen enthalten, entspricht dem gebildeten Konzept und erstreckt sich nicht weiter. (10) Deshalb bilden wir so viele einfache Ideen, wie wir wollen, ohne Angst vor Fehlern.

[73] (1) Es bleibt uns nur noch die Frage, mit welcher Kraft unser Geist wahre Ideen bilden kann und wie weit diese Kraft reicht. (2) Es ist sicher, dass sich diese Macht nicht unendlich ausdehnen kann. (3) Denn wenn wir etwas von einer Sache behaupten, das nicht in dem Konzept enthalten ist, das wir uns von dieser Sache gebildet haben, zeigt eine solche Aussage einen Mangel unserer Wahrnehmung oder dass wir fragmentierte oder verstümmelte Vorstellungen gebildet haben. (4) Wir haben also gesehen, dass die Vorstellung eines Halbkreises falsch ist, wenn sie isoliert im Kopf vorkommt, aber wahr ist, wenn sie mit der Vorstellung einer Kugel oder einer Ursache, die eine solche Bewegung bestimmt, verbunden ist. (73:5) Wenn es aber, wie es auf den ersten Blick scheint, in der Natur eines denkenden Wesens liegt, wahre oder angemessene Gedanken zu bilden, ist es klar, dass in uns nur deshalb unzulängliche Ideen entstehen, weil wir Teile eines sind denkendes Wesen, dessen Gedanken – einige in ihrer Gesamtheit, andere nur in Bruchstücken – unseren Geist bilden.

[74] (1) Aber es gibt noch einen weiteren Punkt, der im Fall der Fiktion nicht erwähnt werden sollte, der aber Anlass zu einer völligen Täuschung gibt – nämlich, dass gewisse Dinge, die der Einbildungskraft präsentiert werden, auch im Verstand existieren – -mit anderen Worten, sie werden klar und deutlich verstanden. (2) Solange wir also das, was sich unterscheidet, nicht von dem trennen, was verwirrt ist, vermischt sich die Gewissheit oder die wahre Idee mit undeutlichen Ideen. (3) Beispielsweise hörten bestimmte Stoiker vielleicht den Begriff „Seele" und auch, dass die Seele unsterblich sei, stellten sich dies jedoch nur verwirrend vor; Sie stellten sich auch vor und verstanden, dass sehr subtile Körper alle anderen durchdringen und von keinem durchdrungen werden. (74:4) Indem sie diese Ideen kombinierten und sich gleichzeitig der Wahrheit des Axioms sicher waren, kamen sie sofort zu der Überzeugung, dass der Geist aus sehr subtilen Körpern besteht; dass diese sehr subtilen Körper nicht geteilt werden können usw.

[75] (1) Aber wir sind von Fehlern dieser Art befreit, solange wir uns bemühen, alle unsere Wahrnehmungen anhand der gegebenen wahren Idee zu überprüfen. (2) Wir müssen, wie gesagt, darauf achten, solche Wahrnehmungen von allen zu trennen, die aus Hörensagen oder nicht klassifizierter Erfahrung entstehen. (3) Darüber hinaus entstehen solche Fehler dadurch, dass die Dinge zu sehr abstrakt gedacht werden; denn es ist hinreichend selbstverständlich, dass ich das, was ich mir als seinen wahren Gegenstand vorstelle, auf nichts anderes anwenden kann. (75:4) Schließlich entstehen sie aus einem Mangel an Verständnis für die primären Elemente der Natur als Ganzes; Daher gehen wir ohne ordnungsgemäße Ordnung vor und verwechseln die Natur mit abstrakten Regeln, die, obwohl sie in ihrem Bereich wahr sind, sich bei falscher Anwendung selbst verwirren und die Ordnung der Natur verdrehen. (5) Wenn wir jedoch mit so wenig

Abstraktion wie möglich vorgehen und von primären Elementen ausgehen – das heißt von der Quelle und dem Ursprung der Natur, soweit wir zurückreichen können –, brauchen wir keine Täuschungen zu befürchten diese Art.

[76] (1) Was das Wissen über den Ursprung der Natur betrifft, besteht keine Gefahr, es mit Abstraktionen zu verwechseln. (2) Denn wenn eine Sache abstrakt gedacht wird, wie es bei allen allgemeinen Begriffen der Fall ist, sind die besagten allgemeinen Begriffe im Geist immer umfangreicher, als die Zahl der Individuen, die ihren Inhalt bilden, tatsächlich in der Natur existiert. (3) Auch hier gibt es viele Dinge in der Natur, deren Unterschiede so gering sind, dass sie für den Verstand kaum wahrnehmbar sind; so dass es leicht passieren kann, dass solche Dinge miteinander verwechselt werden, wenn man sie abstrakt auffasst. (4) Da aber das erste Prinzip der Natur nicht (wie wir später sehen werden) abstrakt oder allgemein gedacht werden kann und sich im Verständnis nicht weiter ausdehnen kann, als es in der Realität der Fall ist, und keine Ähnlichkeit mit veränderlichen Dingen hat, ist keine Verwirrung zu befürchten in Bezug auf die Idee davon, vorausgesetzt (wie zuvor gezeigt), dass wir einen Standard der Wahrheit besitzen. (5) Dies ist tatsächlich ein einzelnes und unendliches Wesen [76z]; mit anderen Worten, es ist die Gesamtheit des Seins, jenseits dessen es kein Sein gibt. [76a]

[77] (1) Bisher haben wir uns mit der falschen Idee befasst. Wir müssen nun die zweifelhafte Idee untersuchen – das heißt, wir müssen untersuchen, was uns zum Zweifeln veranlassen kann und wie der Zweifel beseitigt werden kann. (2) Ich spreche von echten Zweifeln, die im Geist existieren, nicht von solchen Zweifeln, wie wir sie beispielsweise sehen, wenn ein Mann sagt, dass er zweifelt, obwohl sein Geist nicht wirklich zögert. (77:3) Die Heilung des Letzteren fällt nicht in den Bereich der Methode, sondern gehört vielmehr zu Untersuchungen über Hartnäckigkeit und ihre Heilung.

[78] (1) Wirklicher Zweifel wird im Geist niemals durch die Sache hervorgerufen, an der gezweifelt wird. (2) Mit anderen Worten: Wenn es nur eine Idee im Geist gäbe, ob diese Idee wahr oder falsch wäre , gäbe es weder Zweifel noch Gewissheit, sondern nur eine bestimmte Empfindung. (3) Denn eine Idee ist an sich nichts anderes als eine bestimmte Empfindung. (4) Zweifel entstehen jedoch durch eine andere Idee, die nicht klar und deutlich genug ist, als dass wir in Bezug auf die betrachtete Angelegenheit bestimmte Schlussfolgerungen ziehen könnten; das heißt, die Idee, die uns zum Zweifeln bringt, ist nicht klar und deutlich. (5) Um ein Beispiel zu nehmen. (78:6) Angenommen, ein Mensch hätte niemals durch Erfahrung oder auf andere Weise darüber nachgedacht, dass unsere Sinne uns manchmal täuschen, er wird niemals daran zweifeln, ob die Sonne größer oder kleiner ist, als sie scheint. (7) Daher sind Bauern im Allgemeinen erstaunt, wenn sie hören, dass die Sonne viel größer als die Erde ist. (8) Aber

aus der Reflexion über die Täuschung der Sinne [78a] entstehen Zweifel, und wenn wir nach dem Zweifeln ein wahres Wissen über die Sinne erlangen und wie Dinge in der Ferne durch ihre Instrumente dargestellt werden, wird der Zweifel wieder beseitigt.

[79] (1) Daher können wir wahre Ideen nicht durch die Annahme in Frage stellen, dass es eine betrügerische Gottheit gibt, die uns selbst in den sichersten Punkten in die Irre führt. (2) Wir können eine solche Hypothese nur so lange vertreten, wie wir keine klare und eindeutige Vorstellung haben – mit anderen Worten, bis wir über das Wissen nachdenken, das wir über das erste Prinzip aller Dinge haben, und das finden, was uns lehrt, dass Gott ist ist kein Betrüger, und bis wir dies mit der gleichen Gewissheit wissen, wie wir es aus der Reflexion über die Welt wissen, sind sie gleich zwei rechten Winkeln. (3) Wenn wir jedoch ein Wissen über Gott haben, das dem Wissen über ein Dreieck entspricht, ist jeder Zweifel beseitigt. (79:4) Auf die gleiche Weise, wie wir zu der besagten Erkenntnis eines Dreiecks gelangen können, obwohl wir nicht absolut sicher sind, dass es nicht irgendein Erzbetrüger ist, der uns in die Irre führt, können wir auch zu einer ähnlichen Erkenntnis über Gott unter Gleichem gelangen Wenn wir diesen Zustand erreicht haben, reicht es, wie ich bereits sagte, aus, jeden Zweifel zu beseitigen, den wir hinsichtlich klarer und deutlicher Ideen haben können.

[80] (1) Wenn also ein Mann unsere Untersuchungen in der richtigen Reihenfolge durchführte, indem er zuerst die Dinge erforschte, die zuerst untersucht werden sollten, ohne ein Glied in der Assoziationskette zu übergehen, und mit dem Wissen, wie er seine Fragen definieren sollte Bevor er versucht, sie zu beantworten, wird er niemals irgendwelche Ideen haben, es sei denn, sie sind sehr sicher, oder mit anderen Worten, klar und deutlich; Denn der Zweifel ist nur eine Zurückhaltung des Geistes hinsichtlich einer Bejahung oder Verneinung, die er ohne Zögern aussprechen würde, wenn er nicht in Unkenntnis von etwas wäre, ohne die die Kenntnis der vorliegenden Sache notwendigerweise unvollkommen sein muss. (2) Wir können daher zu dem Schluss kommen, dass Zweifel immer auf einem Mangel an ordnungsgemäßer Ordnung bei der Untersuchung beruhen.

[81] (1) Dies sind die Punkte, die ich im ersten Teil meiner Abhandlung über die Methode zu diskutieren versprochen habe. (2) Um jedoch nichts auszulassen, was zur Erkenntnis des Verstandes und seiner Fähigkeiten beitragen kann, möchte ich einige Worte zum Thema Erinnerung und Vergessen hinzufügen.

(81:3) Der Punkt, der am meisten Beachtung verdient, ist, dass das Gedächtnis sowohl mit als auch ohne die Hilfe des Verstandes gestärkt wird. (4) Denn je verständlicher eine Sache ist, desto leichter kann man sie sich merken, und je weniger verständlich sie ist, desto leichter vergessen wir sie.

(5) Beispielsweise ist es viel schwieriger, sich eine Anzahl unzusammenhängender Wörter zu merken als dieselbe Anzahl in Form einer Erzählung.

[82] (1) Das Gedächtnis wird auch ohne die Hilfe des Verstandes durch die Kraft gestärkt, mit der die Einbildungskraft oder der gewöhnliche Sinn durch einen bestimmten physischen Gegenstand beeinflusst wird. (2) Ich sage „besonders", denn die Vorstellungskraft wird nur von bestimmten Objekten beeinflusst. (3) Wenn wir zum Beispiel eine einzelne romantische Komödie lesen, werden wir uns sehr gut daran erinnern, solange wir nicht viele andere der gleichen Art lesen, denn sie wird allein im Gedächtnis regieren (4) Wenn jedoch Wenn wir mehrere andere der gleichen Art lesen, denken wir an sie alle und verwechseln sie leicht miteinander. (82:5) Ich sage auch körperlich. (6) Denn die Vorstellungskraft wird nur durch physische Objekte beeinflusst. (7) Da also das Gedächtnis sowohl mit als auch ohne Hilfe des Verstandes gestärkt wird, können wir schließen, dass es sich vom Verstand unterscheidet und dass es in diesem an sich betrachtet weder Erinnerung noch Vergessen gibt.

[83] (1) Was ist nun Erinnerung? (2) Es ist nichts anderes als die tatsächliche Empfindung von Eindrücken im Gehirn, begleitet von dem Gedanken an eine bestimmte Dauer [83d] der Empfindung. (3) Dies zeigt auch die Erinnerung. (4) Denn dann denken wir an die Empfindung, aber ohne die Vorstellung einer kontinuierlichen Dauer; Daher ist die Idee dieser Empfindung nicht die tatsächliche Dauer der Empfindung oder die tatsächliche Erinnerung. (83:5) Ob Ideen der Korruption unterliegen oder nicht, wird sich in der Philosophie zeigen. (6) Wenn dies jemandem zu absurd erscheint, wird es für unsere Zwecke ausreichend sein, wenn er darüber nachdenkt , dass eine Sache im Verhältnis zu ihrer Einzigartigkeit leichter zu merken ist, wie das Beispiel der eben zitierten Komödie zeigt. (83:7) Darüber hinaus kann man sich eine Sache umso leichter merken, je besser sie verständlich ist; Deshalb können wir nicht umhin, uns an das zu erinnern, was äußerst einzigartig und hinreichend verständlich ist.

[84] (1) Wir haben also zwischen einer wahren Idee und anderen Wahrnehmungen unterschieden und gezeigt, dass fiktive, falsche und ähnliche Ideen in der Einbildungskraft entstehen – das heißt in bestimmten (sozusagen zufälligen) Empfindungen) und unzusammenhängend, entsteht nicht aus der Kraft des Geistes, sondern aus äußeren Ursachen, je nachdem, ob der Körper im Schlaf oder im Wachzustand verschiedene Bewegungen aufnimmt.

(2) Aber man kann von der Vorstellungskraft jede beliebige Ansicht vertreten, solange man anerkennt, dass sie sich vom Verstand unterscheidet und dass die Seele ihr gegenüber passiv ist. (3) Die vertretene Ansicht ist

unerheblich, wenn wir wissen, dass die Einbildungskraft etwas Unbestimmtes ist, dem gegenüber die Seele passiv ist, und dass wir uns mit Hilfe des Verstandes auf die eine oder andere Weise davon befreien können. (4) Es sollte niemanden wundern, dass ich, bevor ich die Existenz eines Körpers und anderer notwendiger Dinge beweise, von der Vorstellung des Körpers und seiner Zusammensetzung spreche. (5) Die vertretene Ansicht ist, ich wiederhole, unerheblich, solange wir wissen, dass Vorstellungskraft etwas Unbestimmtes ist usw.

[85] (1) Was eine wahre Idee betrifft, haben wir gezeigt, dass sie einfach ist oder aus einfachen Ideen zusammengesetzt ist; dass es zeigt, wie und warum etwas hergestellt wird oder wurde; und dass seine subjektiven Wirkungen in der Seele der tatsächlichen Realität seines Objekts entsprechen. (2) Diese Schlussfolgerung ist identisch mit der Aussage der Alten, dass das Wahre von der Ursache zur Wirkung führt; Allerdings haben die Alten meines Wissens nie die hier vertretene Vorstellung vertreten, dass die Seele nach festen Gesetzen handelt und sozusagen ein immaterieller Automat ist.

[86] (1) Daher haben wir, soweit möglich, von Anfang an ein Wissen über unser Verständnis und einen solchen Maßstab einer wahren Idee erworben, dass wir nicht länger Angst davor haben müssen, Wahrheit mit Falschheit und Fiktion zu verwechseln. (2) Wir sollten uns auch nicht wundern, warum wir einige Dinge verstehen, die überhaupt nicht in den Bereich der Vorstellungskraft fallen, während andere Dinge in der Vorstellungskraft liegen, aber dem Verständnis völlig entgegengesetzt sind, oder warum wir wiederum andere Dinge verstehen, die damit übereinstimmen . (3) Wir wissen jetzt, dass die Vorgänge, durch die die Wirkungen der Vorstellungskraft hervorgerufen werden, nach anderen Gesetzen ablaufen, die sich von den Gesetzen des Verstandes unterscheiden, und dass der Geist ihnen gegenüber völlig passiv ist.

[87] (1) Daraus können wir auch ersehen, wie leicht Menschen in schwere Fehler verfallen können, wenn sie nicht genau zwischen Vorstellungskraft und Verstand unterscheiden; Zum Beispiel der Glaube, dass die Ausdehnung lokalisiert sein muss, dass sie endlich sein muss, dass ihre Teile wirklich voneinander verschieden sind, dass sie die primäre und einzige Grundlage aller Dinge ist, dass sie zu einer Zeit mehr Raum einnimmt als zu einer anderen und andere ähnliche Lehren, die alle völlig im Widerspruch zur Wahrheit stehen, wie wir noch zeigen werden.

besteht kein Zweifel , da Wörter Teil der Vorstellungskraft sind – das heißt, da wir viele Vorstellungen in Übereinstimmung mit verwirrten Anordnungen von Wörtern im Gedächtnis bilden, abhängig von bestimmten körperlichen Bedingungen Worte können ebenso wie die Einbildung die Ursache für viele und große Irrtümer sein, wenn wir nicht streng auf der Hut sind.

[89] (1) Darüber hinaus werden Wörter nach der Vorstellungskraft und Intelligenz des Volkes gebildet und sind daher Zeichen dafür, dass Dinge in der Vorstellung existieren, nicht aber im Verstand. (2) Dies geht aus der Tatsache hervor, dass allen Dingen, die nur im Verstand und nicht in der Vorstellung existieren, oft negative Namen gegeben werden, wie zum Beispiel unkörperlich, unendlich usw. (3) So werden auch viele wirklich bejahende Vorstellungen negativ ausgedrückt und umgekehrt, wie etwa „unerschaffen", „unabhängig", „unendlich", „unsterblich" usw., da ihre Gegensätze viel leichter vorstellbar sind und daher zuerst den Menschen in den Sinn kommen und usurpierte positive Namen. (89:4) Viele Dinge bejahen und leugnen wir, weil die Natur der Worte es uns erlaubt, die Natur der Dinge jedoch nicht. (5) Auch wenn wir uns dieser Tatsache nicht bewusst sind, verwechseln wir leicht Unwahrheit mit Wahrheit.

[90] (1) Hüten wir uns auch vor einer weiteren großen Ursache der Verwirrung, die den Verstand daran hindert, über sich selbst nachzudenken. (2) Obwohl wir keinen Unterschied zwischen Vorstellungskraft und Intellekt machen, denken wir manchmal, dass das, was wir uns leichter vorstellen können, für uns klarer ist; und wir denken auch , dass wir verstehen, was wir uns vorstellen. (3) Daher stellen wir das, was zuletzt sein sollte, an die erste Stelle: Die wahre Reihenfolge des Fortschritts wird umgekehrt und es werden keine legitimen Schlussfolgerungen gezogen.

[91] [91e] (1) Um nun ausführlich zum zweiten Teil dieser Methode überzugehen, werde ich zunächst das angestrebte Ziel und anschließend die Mittel zu seiner Erreichung darlegen. (2) Das angestrebte Ziel ist der Erwerb klarer und deutlicher Ideen, wie sie durch den reinen Intellekt und nicht durch zufällige physische Bewegungen hervorgebracht werden. (3) Damit alle Ideen auf eine Einheit reduziert werden können, werden wir uns bemühen, sie so zu verbinden und zu ordnen, dass unser Geist, soweit möglich, die Realität der Natur sowohl als Ganzes als auch in Teilen subjektiv widerspiegelt.

[92] (1) Was den ersten Punkt betrifft, so ist es (wie wir gesagt haben) für unseren Zweck notwendig, dass alles entweder allein durch sein Wesen oder durch seine unmittelbare Ursache erfasst wird. (2) Wenn das Ding aus sich selbst existiert oder, wie allgemein gesagt wird, die Ursache seiner selbst ist, muss es nur durch sein Wesen verstanden werden; Wenn es nicht selbstexistent ist, sondern eine Ursache für seine Existenz benötigt, muss es durch seine unmittelbare Ursache verstanden werden. (3) Denn in Wirklichkeit ist das Wissen [92f] einer Wirkung nichts anderes als der Erwerb einer vollkommeneren Kenntnis ihrer Ursache.

[93] (1) Daher dürfen wir, während wir uns mit der Untersuchung tatsächlicher Dinge befassen, niemals irgendwelche Schlussfolgerungen aus

Abstraktionen ziehen; Wir werden äußerst darauf achten, das, was nur im Verstand ist, nicht mit dem zu verwechseln, was in der Sache selbst ist. (2) Die beste Grundlage für das Ziehen einer Schlussfolgerung wird entweder ein bestimmtes positives Wesen oder eine wahre und legitime Definition sein. (93:3) Denn der Verstand kann nicht von allgemeinen Axiomen allein zu einzelnen Dingen herabsteigen, da die Axiome von unendlicher Ausdehnung sind und den Verstand nicht dazu zwingen, eine bestimmte Sache mehr als eine andere zu betrachten.

[94] (1) Somit besteht die wahre Methode der Entdeckung darin, Gedanken aus einer gegebenen Definition zu bilden. (2) Dieser Prozess wird umso fruchtbarer und einfacher sein, je besser die gegebene Sache definiert wird. (3) Der Kernpunkt des gesamten zweiten Teils der Methode besteht daher in der Kenntnis der Bedingungen einer guten Definition und der Mittel, sie zu finden. (4) Ich werde zunächst auf die Definitionsbedingungen eingehen.

[95] (1) Eine Definition, wenn sie vollkommen genannt werden soll, muss das innerste Wesen einer Sache erklären und muss darauf achten, dass keine ihrer Eigenschaften an diese Stelle tritt. (2) Um meine Meinung zu veranschaulichen, ohne ein Beispiel heranzuziehen, das den Anschein erwecken würde, den Wunsch zu zeigen, die Fehler anderer Leute aufzudecken, werde ich den Fall von etwas Abstraktem wählen, dessen Definition von geringer Bedeutung ist. (95:3) Das ist ein Kreis. (4) Wenn ein Kreis als Figur definiert wird, so dass alle vom Mittelpunkt zum Umfang gezogenen Geraden gleich sind, kann jeder sehen, dass eine solche Definition nicht im Geringsten das Wesen eines Kreises erklärt, sondern nur eines seiner Eigenschaften. (5) Obwohl dies, wie gesagt, im Fall von Figuren und anderen Abstraktionen keine Rolle spielt, ist es im Fall von physischen Wesen und Realitäten von großer Bedeutung: Denn die Eigenschaften der Dinge werden nicht verstanden, solange sie vorhanden sind Essenzen sind unbekannt. (6) Wenn Letzteres außer Acht gelassen wird, kommt es notwendigerweise zu einer Pervertierung der Abfolge von Ideen, die die Abfolge der Natur widerspiegeln sollte, und wir geraten weit von unserem Ziel ab.

[96] Um von diesem Fehler frei zu sein, sollten bei der Definition folgende Regeln beachtet werden:- -

I. (1) Wenn die betreffende Sache geschaffen wird, muss die Definition (wie wir gesagt haben) die unmittelbare Ursache umfassen. (2) Beispielsweise sollte ein Kreis nach dieser Regel wie folgt definiert werden: die Figur, die durch eine Linie beschrieben wird, deren eines Ende fest und das andere frei ist. (3) Diese Definition erfasst klar die unmittelbare Ursache.

II. (4) Eine Vorstellung oder Definition einer Sache sollte so sein, dass alle Eigenschaften dieser Sache, sofern sie für sich genommen und nicht in Verbindung mit anderen Dingen betrachtet wird, daraus abgeleitet werden können, wie in zu sehen ist die gegebene Definition eines Kreises: Denn daraus folgt eindeutig, dass alle vom Mittelpunkt zum Umfang gezogenen Geraden gleich sind. (5) Dass dies ein notwendiges Merkmal einer Definition ist, ist jedem, der über die Angelegenheit nachdenkt, so klar, dass es nicht nötig ist, Zeit damit zu verschwenden, es zu beweisen oder zu zeigen, dass dies aufgrund dieser zweiten Bedingung bei jeder Definition der Fall sein sollte sei positiv. (6) Ich spreche von intellektueller Affirmation und denke wenig über verbale Affirmationen nach, die aufgrund der Armut der Sprache manchmal vielleicht negativ ausgedrückt werden müssen, obwohl die darin enthaltene Idee affirmativ ist.

[97] Die Regeln für die Definition einer ungeschaffenen Sache lauten wie folgt:- -

I. Der Ausschluss jeglicher Vorstellung von Ursache – das heißt, das Ding darf keiner Erklärung durch irgendetwas außerhalb seiner selbst bedürfen.

II. Wenn die Definition der Sache gegeben ist, darf kein Zweifel daran bestehen, ob die Sache existiert oder nicht.

III. Es darf, soweit es den Geist betrifft, keine Substantive enthalten, die in eine adjektivische Form gebracht werden könnten; mit anderen Worten, das definierte Objekt darf nicht durch Abstraktionen erklärt werden.

IV. Obwohl dies nicht unbedingt notwendig ist, sollte es schließlich möglich sein, aus der Definition alle Eigenschaften der definierten Sache abzuleiten.

Alle diese Regeln werden jedem klar, der sich genau mit der Angelegenheit befasst.

[98] (1) Ich habe auch festgestellt, dass die beste Grundlage für eine Schlussfolgerung ein bestimmtes positives Wesen ist. (2) Je spezieller die Idee ist, desto deutlicher und daher klarer. (3) Daher sollte so sorgfältig wie möglich nach Kenntnissen über bestimmte Dinge gesucht werden.

[99] (1) Was die Reihenfolge unserer Wahrnehmungen und die Art und Weise angeht, in der sie angeordnet und vereint werden sollten, ist es notwendig, dass wir, sobald es möglich und vernünftig ist, nachfragen, ob es irgendein Wesen gibt (und, Wenn ja, welches Wesen), das die Ursache aller Dinge ist, so dass sein im Denken dargestelltes Wesen die Ursache aller unserer Ideen sein kann und unser Geist dann die Natur so weit wie möglich widerspiegeln wird. (2) Denn es wird subjektiv das Wesen, die Ordnung und die Einheit der Natur besitzen. (3) So können wir sehen, dass es für uns vor allem notwendig ist, alle unsere Ideen von physischen Dingen abzuleiten – das heißt von realen Entitäten, die, soweit möglich, entsprechend der Reihe der Ursachen, von einer einzigen ausgehen Dabei wird niemals eine reale Entität auf eine andere reale Entität übertragen und niemals zu Universalien

und Abstraktionen übergegangen, weder um daraus eine reale Entität abzuleiten, noch um sie von einer realen Entität abzuleiten. (4) Jeder dieser Prozesse unterbricht den wahren Fortschritt des Verständnisses.

[100] (1) Es muss jedoch beachtet werden, dass ich mit der Reihe der Ursachen und realen Entitäten hier nicht die Reihe der besonderen und veränderlichen Dinge meine, sondern nur die Reihe der festen und ewigen Dinge. (2) Es wäre für menschliches Gebrechen unmöglich, der Reihe besonderer veränderlicher Dinge zu folgen, sowohl wegen ihrer Vielzahl, die jede Berechnung übersteigt, als auch wegen der unendlich unterschiedlichen Umstände, die ein und dasselbe Ding umgeben, von denen jedes einzelne sein kann die Ursache für seine Existenz oder Nichtexistenz sein. (3) Tatsächlich hat ihre Existenz keinen Zusammenhang mit ihrem Wesen oder ist (wie wir bereits gesagt haben) keine ewige Wahrheit.

[101] (1) Es besteht auch keine Notwendigkeit, dass wir ihre Reihe verstehen, denn die Essenzen bestimmter veränderlicher Dinge können nicht aus ihrer Reihe oder Existenzordnung entnommen werden, was uns nichts anderes liefern würde als ihre äußeren Bezeichnungen, ihre Beziehungen oder höchstens ihre Umstände, die alle von ihrem innersten Wesen her sehr verschieden sind. (101:2) Dieses innerste Wesen muss ausschließlich bei festen und ewigen Dingen und bei den Gesetzen gesucht werden, die (sozusagen) in diese Dinge als in ihre wahren Codes eingeschrieben sind, nach denen alle besonderen Dinge stattfinden und angeordnet sind; ja, diese veränderlichen besonderen Dinge hängen so eng und wesentlich (um es auszudrücken) von den festen Dingen ab, dass sie auch nicht ohne sie gedacht werden können.

[102] (1) Aber obwohl dies so ist, scheint es keine geringe Schwierigkeit zu geben, zur Erkenntnis dieser besonderen Dinge zu gelangen, denn sie alle auf einmal zu begreifen würde die Fähigkeiten des menschlichen Verstandes bei weitem übersteigen. (2) Die Anordnung, durch die eine Sache vor einer anderen verstanden wird, sollte, wie wir festgestellt haben, nicht aus ihrer Existenzreihe oder aus ewigen Dingen gesucht werden. (3) Letztere sind nämlich alle von Natur aus gleichzeitig. (4) Daher sind neben den Hilfsmitteln, die zum Verständnis der ewigen Dinge und ihrer Gesetze eingesetzt werden, weitere Hilfsmittel erforderlich. (5) Es ist jedoch nicht der Ort, solche Hilfsmittel aufzuzählen, und es besteht auch keine Notwendigkeit, dies zu tun, bis wir eine ausreichende Kenntnis der ewigen Dinge und ihrer unfehlbaren Gesetze erworben haben und bis die Natur unserer Sinne klar geworden ist uns.

[103] (1) Bevor wir uns auf die Suche nach Erkenntnissen über bestimmte Dinge begeben, ist es angebracht, über solche Hilfsmittel zu sprechen, da sie alle dazu dienen, uns die Art und Weise zu lehren, wie wir unsere Sinne

einsetzen und bestimmte Experimente nach festen Regeln und Anordnungen durchführen können mag ausreichen, um den Gegenstand unserer Untersuchung zu bestimmen, so dass wir daraus schließen können, nach welchen Gesetzen ewiger Dinge es entstanden ist, und einen Einblick in seine innerste Natur gewinnen können, wie ich gebührend zeigen werde. (2) Um auf meine Absicht zurückzukommen, werde ich mich hier nur darum bemühen, darzulegen, was notwendig erscheint, um uns in die Lage zu versetzen, zur Erkenntnis der ewigen Dinge zu gelangen und sie unter den oben dargelegten Bedingungen zu definieren.

[104] (1) Zu diesem Zweck müssen wir bedenken, was bereits gesagt wurde, nämlich dass der Geist sich einem Gedanken widmet, um ihn zu untersuchen und daraus in der richtigen Reihenfolge alle legitimen Schlussfolgerungen abzuleiten Möglicherweise wird jede Falschheit, die in dem Gedanken lauert, entdeckt; aber wenn der Gedanke wahr ist, wird der Geist ohne Unterbrechung weitermachen, um daraus Wahrheiten abzuleiten. (104:2) Dies, sage ich, ist für unseren Zweck notwendig, denn unsere Gedanken können durch das Fehlen einer Grundlage zu Ende gebracht werden.

[105] (1) Wenn wir also zunächst einmal etwas untersuchen wollen, müssen wir eine Grundlage liefern, die unsere Gedanken dorthin lenken kann. (2) Da es sich bei der Methode um reflexives Wissen handelt, kann die Grundlage, die unsere Gedanken leiten muss, nichts anderes sein als das Wissen um das, was die Realität der Wahrheit ausmacht, und das Wissen um den Verstand, seine Eigenschaften und Kräfte. (3) Wenn wir dies erworben haben, verfügen wir über eine Grundlage, von der wir unsere Gedanken ableiten können, und über einen Weg, auf dem der Intellekt entsprechend seiner Kapazität das Wissen über ewige Dinge erlangen kann, wobei das Ausmaß der intellektuellen Kräfte berücksichtigt wird .

[106] (1) Wenn es, wie ich im ersten Teil dargelegt habe, zur Natur des Denkens gehört, wahre Ideen zu bilden, müssen wir hier fragen, was unter den Fähigkeiten und der Kraft des Verstandes zu verstehen ist. (2) Der Hauptteil unserer Methode besteht darin, die Kräfte des Intellekts und seine Natur so gut wie möglich zu verstehen; Wir sind daher (durch die im zweiten Teil der Methode dargelegten Überlegungen) gezwungen, diese Schlussfolgerungen notwendigerweise aus der Definition von Denken und Verstehen selbst zu ziehen.

[107] (1) Aber soweit wir keine Regeln zum Finden von Definitionen haben, und da wir solche Regeln nicht ohne vorherige Kenntnis der Natur aufstellen können, das heißt ohne eine Definition des Verstandes und seiner Kraft, sie Daraus folgt entweder, dass die Definition des Verstehens in sich klar sein muss, oder dass wir nichts verstehen können. (2) Dennoch ist diese Definition an sich nicht absolut klar; Da jedoch seine Eigenschaften, wie alle

Dinge, die wir durch den Verstand besitzen, nicht klar und deutlich erkannt werden können, es sei denn, seine Natur wird vorher erkannt, offenbart sich der Verstand, wenn wir auf seine Eigenschaften achten, die wir klar und deutlich kennen. (3) Lassen Sie uns hier also die Eigenschaften des Verstandes aufzählen, sie untersuchen und zunächst die Forschungsinstrumente besprechen, die uns angeboren vorkommen. Siehe [31]

[108] (1) Die Eigenschaften des Verstandes, die ich hauptsächlich bemerkt habe und die ich klar verstehe, sind die folgenden:- -

I. (2) Es beinhaltet Gewissheit – mit anderen Worten, es weiß, dass eine Sache in der Realität existiert, wie sie subjektiv reflektiert wird.

II. (108:3) Dass es bestimmte Dinge wahrnimmt oder einige Ideen absolut formt, einige Ideen aus anderen. (4) So bildet es die Idee der Quantität absolut, ohne Bezug auf irgendwelche anderen Gedanken; Bewegungsvorstellungen entstehen aber erst unter Berücksichtigung der Quantitätsvorstellung.

III. (108:5) Die Ideen, die der Verstand formt, drücken absolut die Unendlichkeit aus; Bestimmte Ideen werden aus anderen Ideen abgeleitet. (6) So wird in der Idee der Quantität, die durch eine Ursache wahrgenommen wird, die Quantität bestimmt, so wie wenn angenommen wird, dass ein Körper durch die Bewegung einer Ebene, eine Ebene durch die Bewegung einer Linie oder wiederum gebildet wird , eine Linie durch die Bewegung eines Punktes. (7) Dabei handelt es sich allesamt um Wahrnehmungen, die nicht dem Verständnis der Größe, sondern nur deren Bestimmung dienen. (108:8) Dies wird durch die Tatsache bewiesen, dass wir sie uns sozusagen als durch Bewegung geformt vorstellen, diese Bewegung jedoch nicht wahrgenommen wird, es sei denn, dass auch die Quantität wahrgenommen wird; wir können die Bewegung sogar verlängern, um eine unendliche Linie zu bilden, was wir sicherlich nicht tun könnten, wenn wir nicht eine Vorstellung von der unendlichen Menge hätten.

IV. (9) Der Verstand formt positive Ideen, bevor er negative Ideen formt.

V. (108:10) Es nimmt die Dinge nicht sowohl unter der Bedingung der Dauer als vielmehr unter einer bestimmten Form der Ewigkeit und in unendlicher Zahl wahr; oder vielmehr, wenn es die Dinge wahrnimmt, berücksichtigt es weder ihre Zahl noch ihre Dauer, während es sie, wenn es sie sich vorstellt, in einer bestimmten Anzahl, Dauer und Menge wahrnimmt.

VI. (108:11) Die Ideen, die wir als klar und deutlich formulieren, scheinen aus der alleinigen Notwendigkeit unserer Natur zu folgen, dass sie absolut von unserer alleinigen Macht abzuhängen scheinen; bei verworrenen

Vorstellungen ist das Gegenteil der Fall. (12) Sie werden oft gegen unseren Willen gebildet.

VII. (108:13) Der Geist kann die Ideen von Dingen, die der Verstand aus anderen Ideen formt, auf viele Arten bestimmen: So nimmt er beispielsweise, um die Ebene einer Ellipse zu definieren, einen an einer Schnur hängenden Punkt an Es bewegt sich um zwei Zentren, oder wiederum stellt es sich eine Unendlichkeit von Punkten vor, immer in der gleichen festen Beziehung zu einer gegebenen geraden Linie, einem bestimmten Winkel der Spitze des Kegels oder auf eine Unendlichkeit anderer Arten.

VIII. (108:14) Je mehr Ideen die Vollkommenheit eines Gegenstandes zum Ausdruck bringen, desto vollkommener sind sie selbst; denn wir bewundern nicht den Architekten, der eine Kapelle geplant hat, sondern den Architekten, der einen prächtigen Tempel geplant hat.

[109] (1) Ich höre nicht auf, den Rest dessen zu betrachten, was als Denken bezeichnet wird, wie etwa Liebe, Freude usw. (2) Sie haben für unseren gegenwärtigen Zweck nichts zu bedeuten und können nicht einmal begriffen werden, es sei denn, das Verständnis wird zuvor wahrgenommen. (3) Wenn die Wahrnehmung entfernt wird, geht all dies mit ihr einher.

[110] (1) Falsche und fiktive Ideen haben nichts Positives an sich (wie wir ausführlich gezeigt haben), weshalb sie als falsch oder fiktiv bezeichnet werden; sie werden nur durch die Mangelhaftigkeit des Wissens als solche betrachtet. (2) Daher können uns falsche und fiktive Ideen als solche nichts über das Wesen des Denkens lehren; dies muss anhand der gerade aufgezählten positiven Eigenschaften gesucht werden; Mit anderen Worten: Wir müssen eine gemeinsame Grundlage schaffen, aus der diese Eigenschaften notwendigerweise folgen, so dass, wenn diese gegeben ist, die Eigenschaften notwendigerweise auch gegeben sind, und wenn sie entfernt wird, verschwinden auch sie damit.

Der Rest der Abhandlung fehlt.

Spinozas Endnoten: Noten gemäß Curley
S iehe Anmerkung 5 oben.

[a] (1) Dies könnte allgemeiner und klarer erklärt werden: Ich meine, indem ich Reichtum danach unterscheide, wie er um seiner selbst willen, zur Förderung des Ruhms, des sinnlichen Vergnügens oder des Fortschritts von Wissenschaft und Kunst erstrebt wird. (2) Dieses Thema bleibt jedoch seinem eigenen Platz vorbehalten, da es hier nicht angebracht ist, die Angelegenheit genauer zu untersuchen.

[b] Diese Überlegungen sollten präzisiert werden.

[c] Diese Angelegenheiten werden an anderer Stelle ausführlicher erläutert.

[d] NB: Ich mache hier nicht mehr, als die für unseren Zweck notwendigen Wissenschaften aufzuzählen; Ich lege keinen Wert auf ihre Bestellung.

[e] Es gibt für die Wissenschaften nur ein Ziel, auf das sie alle ausgerichtet sein sollten.

[f] (1) In diesem Fall verstehen wir nichts von der Ursache aus der Betrachtung derselben in der Wirkung. (2) Dies wird hinreichend deutlich aus der Tatsache, dass von der Ursache nur in sehr allgemeinen Begriffen gesprochen wird, wie zum Beispiel: „Es gibt dann etwas;" es gibt dann eine gewisse Kraft usw.; oder daraus, dass wir es nur negativ ausdrücken – es ist nicht oder das usw. (3) Im zweiten Fall wird der Ursache aufgrund der Wirkung etwas zugeschrieben, wie wir an einem Beispiel zeigen werden, aber nur eine Eigenschaft, niemals ein Wesen.

[g] (1) Aus diesem Beispiel geht deutlich hervor, worauf ich gerade aufmerksam gemacht habe. (2) Denn durch diese Vereinigung verstehen wir nichts außer der Empfindung, nämlich der Wirkung, aus der wir die Ursache abgeleitet haben, von der wir nichts verstehen.

[h] (1) Auf eine Schlussfolgerung dieser Art kann man sich, auch wenn sie sicher ist, nicht ohne große Vorsicht verlassen; denn wenn wir nicht besonders vorsichtig sind , werden wir sofort in einen Irrtum verfallen. (2) Wenn Dinge auf diese Weise abstrakt und nicht anhand ihres wahren Wesens betrachtet werden, besteht die Gefahr, dass sie durch die Vorstellungskraft verwirrt werden. (3) Denn das, was in sich eins ist, stellen sich die Menschen als Multiplex vor. (4) Auf die Dinge, die abstrakt, getrennt und verworren gedacht werden, werden Begriffe angewendet, die dazu neigen, ihrer strengen Bedeutung entrissen und auf vertrautere Dinge übertragen zu werden; Daraus ergibt sich, dass diese letzteren auf die gleiche Weise vorgestellt werden wie die ersteren, denen die Begriffe ursprünglich gegeben wurden.

[i] Ich werde hier etwas ausführlicher auf die Erfahrung eingehen und die von den Empirikern und neueren Philosophen angewandte Methode untersuchen.

[k] Mit angeborener Stärke meine ich das, was uns nicht durch äußere Ursachen verliehen wird, wie ich später in meiner Philosophie erklären werde.

[l] Hier bezeichne ich sie als Operationen: Ich werde ihre Natur in meiner Philosophie erklären.

[m] Ich werde darauf achten, nicht nur zu demonstrieren, was ich gerade vorgetragen habe, sondern auch, dass wir bisher richtig vorgegangen sind, und andere Dinge, die bekannt sein müssen.

[33 Anmerkung1] (1) In der modernen Sprache kann „die Idee Gegenstand einer anderen Präsentation werden". (2) Objectivus entspricht im Allgemeinen dem modernen „Subjektiven", formalis dem modernen „Objektiven". [Trans.- Anmerkung 1]

[n] (1) Beachten Sie, dass wir hier nicht fragen, wie die erste subjektive Essenz in uns angeboren ist. (2) Dies gehört zu einer Untersuchung der Natur, in der alle diese Dinge ausführlich erklärt werden und gezeigt wird, dass ohne Ideen weder Bejahung, noch Verneinung, noch Wille möglich sind.

[o] Die Natur der mentalen Suche wird in meiner Philosophie erklärt.

[p] Mit anderen Dingen verbunden zu sein bedeutet, von ihnen hervorgebracht zu werden oder sie hervorzubringen.

[q] Genauso wie wir hier keinen Zweifel an der Wahrheit unseres Wissens haben.

[r] Siehe unten die Anmerkung zu Hypothesen, von denen wir ein klares Verständnis haben; Die Fiktion besteht darin, zu sagen, dass solche Hypothesen in Himmelskörpern existieren.

[s] (1) Da ein Ding, sobald es verstanden wurde, sich manifestiert, brauchen wir nur ein Beispiel ohne weiteren Beweis. (2) In gleicher Weise muss uns das Gegenteil nur vor Augen geführt werden, um es als falsch zu erkennen, wie sich sofort zeigen wird, wenn wir uns mit der Fiktion über Essenzen befassen.

[t] Beachten Sie, dass viele, obwohl sie behaupten, dass sie an der Existenz Gottes zweifeln, nichts anderes als seinen Namen im Kopf haben oder eine Fiktion, die sie Gott nennen: Diese Fiktion steht nicht im Einklang mit der wahren Natur Gottes, wie wir gebührend feststellen werden zeigen.

[u] (1) Ich werde gleich zeigen, dass keine Fiktion ewige Wahrheiten betreffen kann. Mit einer ewigen Wahrheit meine ich, dass etwas, das positiv ist, niemals negativ werden kann. (2) Somit ist es eine primäre und ewige Wahrheit, dass Gott existiert, aber es ist keine ewige Wahrheit, die Adam denkt. (3) Dass die Chimäre nicht existiert, ist eine ewige Wahrheit, dass Adam nicht glaubt, dass dies nicht der Fall ist.

[x] (1) Wenn wir später von Fiktion sprechen, die sich mit Essenzen befasst, wird es offensichtlich sein, dass Fiktion niemals etwas Neues erschafft oder den Geist mit etwas Neuem versorgt; Nur Dinge, die bereits im Gehirn oder in der Vorstellung vorhanden sind, werden ins Gedächtnis zurückgerufen, wenn die Aufmerksamkeit verwirrt und auf einmal auf sie gerichtet ist. (2) Zum Beispiel erinnern wir uns an gesprochene Worte und an einen Baum; Wenn der Geist sich ihnen verwirrt zuwendet, bildet er sich die Vorstellung eines sprechenden Baumes. (3) Das Gleiche gilt für die Existenz, insbesondere wenn sie ganz allgemein als eine Entität begriffen wird; es lässt sich dann leicht auf alle Dinge zusammen im Gedächtnis anwenden. (4) Dies ist besonders erwähnenswert.

[y] Das müssen wir im Fall von Hypothesen verstehen, die aufgestellt werden, um bestimmte Bewegungen zu erklären, die Himmelsphänomene begleiten; Doch wenn wir sie auf die Himmelsbewegungen anwenden, können wir daraus Rückschlüsse auf die Natur der Himmel ziehen, während Letzteres ganz anders sein kann, zumal viele andere Ursachen denkbar sind, die solche Bewegungen erklären würden.

[z] (1) Es kommt oft vor, dass sich ein Mensch an dieses Wort „Seele" erinnert und sich gleichzeitig ein körperliches Bild vorstellt: Da die beiden Darstellungen gleichzeitig sind, denkt er leicht, dass er sich eine körperliche Seele vorstellt und vortäuscht: Das ist verwirrend der Name mit der Sache selbst. (2) Ich bitte meine Leser hier, es nicht eilig zu haben, diesen Vorschlag zu widerlegen; Sie werden, so hoffe ich, keine Lust dazu haben, wenn sie den angeführten Beispielen und dem, was folgt, große Aufmerksamkeit schenken.

[61a] (1) Obwohl ich dies aus Erfahrung abzuleiten scheine, mögen einige seine Stichhaltigkeit leugnen, weil ich keinen formalen Beweis erbracht habe. (2) Für diejenigen, die es wünschen, füge ich daher Folgendes hinzu. (3) Da es in der Natur nichts geben kann, was den Naturgesetzen widerspricht, da alle Dinge nach festen Gesetzen geschehen, so dass jedes Ding unumstößlich seine ihm eigene Wirkung entfalten muss, folgt daraus, dass die Seele, sobald sie das Wahre besitzt Die Vorstellung einer Sache geht dazu über, die Wirkungen dieser Sache gedanklich zu reproduzieren. (4) Siehe unten, wo ich von der falschen Idee spreche.

[64b] (1) Beachten Sie, dass sich die Fiktion an sich von Träumen nur dadurch unterscheidet, dass wir in letzteren die äußeren Ursachen nicht wahrnehmen, die wir im Wachzustand mit den Sinnen wahrnehmen. (2) Daraus wurde gefolgert, dass im Schlaf auftretende Repräsentationen keinen Zusammenhang mit Objekten außerhalb von uns haben. (3) Wir werden gleich sehen, dass Irrtum das Träumen eines wachen Menschen ist: Wenn er eine bestimmte Höhe erreicht , wird er zum Delirium.

[76z] Dies sind keine Eigenschaften Gottes, die sein Wesen zeigen, wie ich in meiner Philosophie zeigen werde.

[76a] (1) Dies wurde bereits gezeigt. (2) Denn wenn ein solches Wesen nicht existieren würde, würde es niemals erzeugt werden; daher wäre der Geist in der Lage, mehr zu verstehen, als die Natur liefern könnte; und es wurde oben gezeigt, dass dies falsch ist.

[78a] (1) Das heißt, es ist bekannt, dass die Sinne uns manchmal täuschen. (2) Aber es ist nur unklar bekannt, denn es ist nicht bekannt, wie sie uns täuschen.

[83d] (1) Wenn die Dauer unbegrenzt ist, ist die Erinnerung unvollkommen; Das scheint jeder von der Natur gelernt zu haben. (2) Denn wir bitten oft darum, unseren Glauben an etwas zu stärken, von dem wir hören, wann und wo es passiert ist; Obwohl Ideen selbst ihre eigene Dauer im Geist haben, bewahren wir doch keine Erinnerung, die mit dem reinen Intellekt verbunden ist, da wir es gewohnt sind, die Dauer mit Hilfe eines gewissen Maßes an Bewegung zu bestimmen, die wiederum mit Hilfe der Vorstellungskraft stattfindet.

[91e] Die Hauptregel dieses Teils besteht, wie aus dem ersten Teil hervorgeht, darin, alle Ideen, die uns durch den reinen Intellekt erreichen, zu überprüfen, um sie von denen zu unterscheiden, die wir uns vorstellen: Die Unterscheidung wird durch die Eigenschaften von gezeigt beides, nämlich der Vorstellungskraft und des Verstandes.

[92f] Beachten Sie, dass dadurch deutlich wird, dass wir nichts von der Natur verstehen können, ohne gleichzeitig unser Wissen über die erste Ursache oder Gott zu erweitern.

Ende von „Über die Verbesserung des Verständnisses".

www.ingramcontent.com/pod-product-compliance
Lightning Source LLC
LaVergne TN
LVHW041804190726
843493LV00008B/2783